분단의 경계를 허무는

두 자이니치의 망향가

분단의 경계를 허무는

두 자이니치의 망향가

재일한인 100년의 사진기록

기획 재외동포재단　글 김남일 · 서경식 · 양영희 · 정호승 · 최인석

현실문화연구

차례

분단의 경계를 허물기 위한, 빛바랜 자료들의 복원

    일제강점, 해방, 분단으로 이어지는 복잡한 한반도의 역사상황은 일본에 있는 재일동포 사회에 그대로 반영되어 있다. 재일동포를 규정하고 표현하는 단어도 재일한국인, 재일조선인, 재일한국인·조선인, 재일코리안, 자이니치(在日) 등 정치적인 입장 차이와 역사 흐름을 반영하면서 변화되어 왔다.

    NHK의 '한글강좌' 라는 프로그램명은 일본 안에서 재일동포를 규정하는 단어 하나를 결정하는 데에 많은 고민이 내재되어 있음을 가장 현실적으로 표현해 준다. '한국어' 나 '조선어' 라는 표현은 그 표현 그대로 '대한민국' 과 '조선민주주의인민공화국' 이라는 국가를 지지, 반영하는 것이기 때문이다.

    재일동포 역사 사진자료집을 만드는 과정에서도 이러한 어려움은 그대로 노정되고 있다. 지금까지 민단과 총련이라는 양대 조직의 정치적 입장을 넘어선 역사 사진자료집은 만들어지지 않았다. 일본에서 결성되고 발전한 여러 민간 조직의 부침이 냉전시대의 대립적 구조를 그대로 반영해 왔다는 점, 그러한 조직들이 남북한 분단의 현실을 극복하지 못하면서 타 조직에 대한 이해를 거의 무시해 왔다는 점이 그 원인이라 할 수 있을 것이다.

    이번 사진자료집의 편집 과정 속에서도 한반도에 존재하는 군사분계선이 아직도 일본에 있는 재일동포 사회에 보이지 않는 장벽으로 냉혹하고 뿌리 깊게 존재하고 있음을 절감할 수 있었다.

    하지만《분단의 경계를 허무는 두 자이니치의 망향가》는 2000년 평양에서의 역사적인 6·15남북공동성명의 이념을 반영하고자 노력했다. 남북공동성명이 남북한을 넘어 해외에 살고 있는 동포들, 특히 재일동포들에게 '분단의 경계가 없는' 새로운 시대를 열어갈 수 있는 지평을 열었다는 믿음 때문이다.

    우리는, '재일한인 100년의 사진기록' 이 민단과 총련이라는 양대 조직의 역사에 기대기보다는 재일동포 사회의 삶을 투영하고 반영해야 한다고 보았다. 그런 편집 기준을 정하고 사진을 수집하는 과정은 결코 쉬운 일이 아니었다. 단체가 제공한 사진에는 그 단체가 갖는 정치적 지향이 그대로 녹아 있었고, 당시의 정치적 갈등과 대립의 역사가 그 사진 속에 복잡 미묘하게 반영되어 있었기 때문이다.

    그럼에도 우리는 이 사진집을 통해 이념의 갈등과 대립을 넘어서서 재일동포의 삶이 시작되는 원점과, 일본사회에서 독자적인 정체성을 지키기 위해 노력해 온 재일동포 삶의 지난한 역사를 전하고자 했다. 이를 위해서는 재일동포들이 자신의 삶의 공간과 정체성을 잃지 않기 위해 피와 땀을 흘려온 노력들을 사진집에 생생하게 담아내야 했다.

    모국에서 가장 가까운 곳에 살아가는 동포들인 만큼 조국의 분단과 경계 짓기가 재일동포에게 주는 상처는 깊을 수밖에 없다. 그래서 이 사진집은 누구보다도 분단과 대립의 경계가 허물어지기를 바라는 재일동포의 간절한 소망을 표현하려고 노력했다. 그래서 《분단의 경계를 허무는 두 자이니치의 망향가》 속에는 다른 재일동포 관련 사진집에서는 볼 수 없었던, 그동안 묻혀 있었거나 '외면당했던' 자료들이 많이 들어 있다. 그러한 자료들의 복원이야말로 분단과 대립의 경계를 허물기 위한 첫 걸음일 것이라고 우리는 확신한다.

이 사진자료집을 편집하고 발간하는 데는 재일한인역사자료관과 일제강점하강제동원피해진상규명위원회의 자료 제공이 결정적인 힘이 되었다. 재일동포 사회의 정치적 갈등의 현실을 뛰어넘어 재일의 삶이라는 측면에서 재일동포 사회의 원점을 규명하고 미래를 설계하고자 자료를 수집해 온 재일한인역사자료관과, 일제강점하 강제동원 피해의 진상을 규명해 역사의 진실을 밝히고자 하는 일제강점하강제동원피해진상규명위원회의 노력을 실감할 수 있었다. 여러 어려움과 곤란함 속에서도 그동안 수집·정리해 온 소중하디소중한 자료들을 아무런 조건 없이 제공해 주었지만, 이 사진집에 충분히 반영할 수 없었던 아쉬움이 남는다. 지면을 통해서나마 두 곳 모두에 죄송한 마음과 심심한 사의를 표한다.

또한 혹독한 차별이 존재해 왔던 일본의 어려운 사회적·정치적 환경 속에서도 일본 전국에 학교를 건설하고 민족교육을 위해 노력해 온 백두학원 관계자, 중등교육실시60돌기념 재일동포대축전 실행위원회 등 민족학교 관계자들의 협력도 빼놓을 수 없다. 일본 전국을 돌며 일본의 전쟁책임 문제를 사진으로 기록해 온 재일사진가 배소 씨와 재일 1세로서 재일동포들의 삶을 사진으로 기록해 온 서원수 씨, 고인봉 씨에게도 깊은 감사를 드린다.

하지만 무엇보다도 이 사진자료집의 발간은 자신들이 소장하고 있었던 개인 자료들을 기꺼이 외부에 공개해 '역사'로 만들어준 수많은 재일동포 및 그 후손들이 있었기 때문에 가능한 일이었다. 가슴 한 켠에 재일동포라는 이름표를 달고 계신 그 모든 분들께 머리 숙여 감사를 드린다.

이 사진자료집은 재일동포 사회에 현존하는 분단의 경계를 허무는 작은 시도의 시작이다. 한 장 한 장의 사진 속에 담긴 고난과 고통의 역사는 재일동포들이 바라는 한반도의 통일과 평화, 그리고 한국과 일본을 넘어선 전 인류의 평화를 위해 기록된 것이라 믿고 싶다. 이 사진집을 통해서 재일의 역사를 새롭게 쓰려는 작은 실천이, 특히 국내에서도 이루어졌으면 하는 바람이다. 그럴 때만이 이 사진집 속 빛바랜 사진들이 환한 빛을 발할 수 있을 것이다.

《분단의 경계를 허무는 두 자이니치의 망향가》 기획편집자

이주와 압제, 그리고 저항

1

이주의 시작

1905년 9월 11일, 관부연락선(關釜連絡船) 이키마루(壹岐丸)가 일본 시모노세키(下關)를 출발해 11시간 30분 만에 부산에 도착했다. 이 연락선은 일본의 산요기선(山陽汽船)주식회사에 의해 개설되었는데, 다음 해 국유화되어 일본 철도성 관할이 되었고, 1945년까지 운행되었다. 초창기에 이 연락선을 이용한 사람들은 대부분 일본인으로서 조선을 지배하려는 목적을 갖고 조선으로 건너온 반면, 일본으로 가는 조선인들은 신학문을 배우려는 유학생들이 대부분이었다. 조선·만주·몽골·중국 등 일본의 아시아대륙 침략이 노골화되면서 제주-오사카(大阪), 여수-시모노세키, 부산-하카타(博多) 등의 노선이 개설되었고, 1920년대 후반부터 1930년대에 걸쳐 매년 8~15만 명의 조선인들이 일본으로 건너갔다. 그들 대부분은 토지조사사업으로 농토를 잃거나 산미증산정책으로 인한 부채로 생활고에 시달리던 사람들이었다. 일자리를 찾기 위한 일본으로의 도항은 상당히 까다로운 편으로 여비 이외에 10엔이 있어야 했고, 일본어가 가능하고 취업선이 확실해야 했다. 이후 태평양전쟁 때는 전시노력동원을 통해 조선인 수십만 명이 이 관부연락선을 타고 일본으로 강제동원되었다.

1

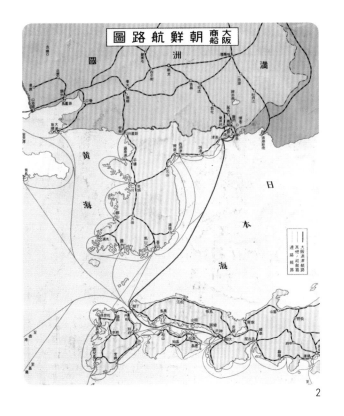

2

1. **도항증명서(渡航證明書)** : 1943년 유학
을 목적으로 발급된 도항증명서. 도항증
명서는 조선인과 일본인 사이의 엄격한
차별을 보여주는 것으로 도항증명서가
없으면 조선인은 일본으로 건너갈 수
없었던 반면, 일본들은 아무런 제약
없이 조선으로 들어올 수 있었다.(1943
년, 재일한인역사자료관 소장)

2. **오사카상선(大阪商船) 조선항로도(朝鮮
航路圖)** : 오사카상선에서 제작한 조선항
로도. 개항 후 진출한 일본의 거대 상선
회사인 오사카상선은 1893년 인천 지점
을 개설해 인천항의 수출상품 수송까지
독점한 후, 일제강점기 조선의 해운권을
장악한다. 이에 민족기업가들은 민족경
제를 살리기 위해 일제에 약탈당한 운수
권을 회복하고자 온 힘을 기울였다.(재일
한인역사자료관 소장)

3-4. **일본 오사카항** : 오사카항에 내린 조
선인들의 모습. 1923년 제주와 오사카를
잇는 정기항로가 개설되면서 '기미가요
마루(君が代丸)'가 취항한다. 기미가요마
루의 등장으로 일제는 양질의 조선인 노
동자들의 노동력을 저임금으로 쉽게 구
할 수 있었다. 오사카방적은 제주도에 들
어와 직공을 모집해 갔으며, 기타규슈(北
九州)의 미쓰비시(三菱)탄광도 광부를 모
집해 갔다.(재일한인역사자료관 소장)

3

4

1

2

關釜連絡船　昌慶丸

3

關釜連絡船　總噸數 7.100　速力 23.5浬　全長 134.10米　乗客定員 一等 46人　二等 248人　三等 1.184人

安樹丸又筑安丸

4

1

1. **관부연락선 선전 포스터** : 1936년에 취항한 관부연락선 곤고마루(金剛丸)는 우리의 금강산(金剛山)을, 고안마루(興安丸)는 만주의 산악명에서 그 이름을 따왔다. 이외에도 1913년에는 신라 왕조의 이름을 딴 시라기마루(新羅丸)와 고려 왕조의 이름을 딴 고라이마루(高麗丸)가 취항했다. 이어 1922년에서 1923년 사이에는 경복궁의 이름을 딴 요시토미마루(慶福丸), 창덕궁의 이름을 딴 쇼케이마루(昌慶丸), 덕수궁의 이름을 딴 도쿠주마루(德壽丸)라는 연락선 3척이 취항했다. 그리고 1942년에는 중국의 영산(靈山)인 텐산의 이름을 딴 텐산마루(天山丸)가, 이듬해에는 만주 쿤룬산맥의 이름을 딴 곤론마루(崑崙丸)가 취항했다. 처음에는 일본식 이름이었던 관부연락선이 점차 조선과 만주, 중국의 이름을 빌렸던 것은 일본의 아시아대륙 침략 야욕이 드러난 대목이라고 할 것이다.(재일한인역사자료관 소장)

2. **제2 기미가요마루** : 오사카–제주를 운항하던 제2 기미가요마루의 모습.(재일한인역사자료관 소장)

3. **북선급항항로안내(北鮮急航航路案內)** : 오사카상선에서 발행한 항로안내 표지 그림. 이를 보면 당시 일제는 조선을 남선(南鮮)과 북선(北鮮)으로 구분해 불렀음을 알 수 있다.(재일한인역사자료관 소장)

2

조선인 부락

1

2

3

1-2. **조선인 집주지(集住地)** : 1930년대에 일본으로 이주한 조선인들이 밀집해서 살던 도쿄 조후시마치(調布町) 지역의 모습.(재일한인역사자료관 소장)

3. **조선인의 생활 모습** : 1920년대에 일본으로 이주한 도쿄 도요시마(豊島)의 조선인들 생활 모습.(재일한인역사자료관 소장)

4. **고학생 엿장수** : 구한말부터 1920년대까지 조선을 소개하는 화보집에 자주 등장하는 엿장수. 1908년경 큰 가위를 들고 소리를 내며 호객하는 엿장수들이 일본에서 첫선을 보인 후, 고베(神戶) 등의 대도시부터 시작해서 점차 지방으로까지 확대되었다. 조선에서 건너온 고학생들은 엿장수를 하면서 돈을 모아 공부를 했다.(재일한인역사자료관 소장)

4

관동대지진

1923년 9월 1일 오전 11시 58분 44초. 일본 간토(關東) 지방에 매그니튜드 7.9, 최대 진도 7의 강력한 지진이 발생했다. 사망자는 9만 1,344명, 가옥 46만 4,909호가 전소되거나 파괴되었다. 관동대학살(간토대학살)이란 관동대지진(간토대지진) 때 일본 관헌과 자경단(自警團)에 의해 한국인과 중국인 사회주의자 등이 학살된 사건을 말한다. 일본은 계엄령이 선포된 도쿄, 가나가와현(神奈川縣), 사이타마현(埼玉縣), 지바현(千葉縣) 등지에서 한국인이 폭동을 일으켰다는 유언비어를 통해 다른 아시아 민족에 대한 차별과 멸시를 자극해 조선인 및 중국인 등의 무고한 인명을 앗아갔다.

1923년 당시 일본은 노동자계급의 성장, 쌀소동, 일본공산당의 성립 등에 따른 계급투쟁의 격화와 활발해지는 한국·중국의 민족해방운동에 직면해 한국인과 사회주의자를 탄압할 기회를 엿보고 있었다. 일본 정부는 관동대지진으로 인한 사회 혼란을 탄압의 기회로 이용했다. 일본 경시청은 정부에 출병을 요청했고, 내무대신 미즈노 렌타로(水野錬太郎 : 전 조선총독부 정무총감), 경시총감 아카이케 아쓰(赤池濃 : 전 조선총독부 경무국장) 등은 9월 2일 도쿄, 가나가와현의 각 경찰서와 경비대에 한국인이 폭동을 일으킨다는 유언비어를 퍼뜨리도록 지시했다. 9월 2~3일에 지방장관에게 '한국인이 각지에 방화하고 불령(不逞)의 목적을 수행하려 한다. 한국인의 행동을 엄밀하게 단속할 것'이라는 내용의 전문이 보내졌다. 일제는 도쿄, 가나가와현, 사이타마현, 지바현에 계엄령을 선포하고, 5일에는 '조선문제에 관한 협정'을 극비리에 결정해 한국인 폭동을 사실로 조작하기 위해 광분했다. 7일에는 치안유지령이 긴급칙령으로 공포되었다. 일본 정부는 10월 20일 학살사건의 보도금지를 해제했지만, 군대·관헌의 학살을 숨기고 주로 일본 도시빈민들로 구성된 자경단에 그 책임을 전가시켜 자경단원들을 재판에 회부했다. 이후 자경단원들은 형식상의 재판에서 증거불충분으로 모두 석방되었다.

1

1. **학살(1923년 9월)** : 일본의 군대와 경찰, 자경단에 의해 조선인에 대한 학살이 자행되었다.(재일한인역사자료관 소장)

2. **헌화** : 희생자 유해 발굴을 시작하기 전에 여학생들이 헌화하고 있다.(1992년 9월 2일, 도쿄 아라카와, 사진 배소)

3. **생존자** : 관동대지진 조선인학살사건의 생존자 조인승의 모습이다. 일본에서 태어난 오충곤은 조인승의 증언을 토대로 1983년 〈숨겨진 발톱자국 : 관동대지진 조선인학살 기록영화〉를 만들기도 했다.(1983년, 사진 배소)

2

3

1. **조선인 희생자 유해 발굴사업 :** 도쿄 아라카와강(荒川) 변 6~7미터 깊이까지 파서 희생자 유해를 발굴하고 있다.(1982년 9월, 사진 배소)

2. **추모 :** 지바현 야치요시(八千代市) 다카쓰(高津)의 관음사(觀音寺)에서 열린 조선인 희생자 추모식. 관동대지진 때 다카쓰에서 조금 떨어진 나기노하라(ナギの原)라는 공유지에서 많은 조선인들이 학살되었다. (1985년 9월, 사진 배소)

1

2

독립운동

二・八の志士たち

1

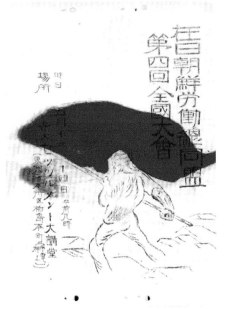

2

3

1. **2·8독립선언 동지** : 2·8독립선언 운동은 전 국민 10퍼센트에 해당하는 조선인들이 참가한 3·1운동의 시발점이 되었다. 1919년 2월 8일, 도쿄에 있던 조선인 유학생 600여 명이 도쿄 간다에 있는 기독교회관에 모여 독립선언서를 낭독했다. 일본 제국주의의 심장부인 도쿄에서 고립무원의 조선인 유학생들이 결행한 사건이었다. 2·8독립선언은 헌신성, 조직성, 진취성의 전형을 보여 준 운동이라 할 수 있다.

2. **재일조선노동총동맹 포스터** : 재일조선노동총동맹의 제4회 전국대회를 알리는 포스터. 일본에서 일하던 조선인 노동자들은 1925년 재일조선노동총동맹을 결성하고 활발한 노동운동을 전개했다.(재일한인역사자료관 소장)

3. **윤봉길(尹奉吉, 1908~32) 의사** : 태극기 앞에서 폭탄을 든 윤봉길 의사. 중국에서 채소장사를 하던 청년 윤봉길은 1931년 겨울, 대한민국 임시정부의 국무령인 김구를 찾아가 독립운동에 헌신할 것을 다짐하며 한인애국단에 가입했다.(재일한인역사자료관 소장)

4. **윤봉길 의거 신문기사** : 윤봉길 의사의 '상해의 폭탄 변사' 사건을 보도한, 일본 오사카 발행의 《아사히 신문(朝日新聞)》 기사. 1932년 4월 29일, 일본 왕의 생일을 기념하는 천장절 행사를 위해 중국 상하이 점령 일본군 수뇌부와 정 관계 인사들이 상하이 훙커우(虹口) 공원에 모이게 된다. 이때 일본군 수뇌부에 폭탄을 투척한 윤봉길 의사는 현장에서 체포되어 그해 12월 일본의 가나자와(金澤) 형무소에서 총살되었다. 당시 중국 국민당 총통 장제스는 윤봉길 의사의 훙커우 의거에 대해 "중국인이 하지 못한 일을 조선의 청년이 해냈다"며 그의 의거를 찬양했다.(재일한인역사자료관 소장)

4

내선일체와
황국신민의 강요

2

창씨개명

창씨개명은 일제강점기에 신사참배(神社參拜), 황국신민서사(皇國臣民誓詞) 암송, 지원병제도 등과 함께 조선민족에게 강요된 민족말살정책의 하나다. 일제는 1939년 11월 제령 제19호로 '조선인의 성명제(姓名制)를 폐지하고 성씨(姓氏)의 칭호를 사용'하라는 골자의 '조선민사령(朝鮮民事令)'을 개정한다. 이에 따라 일제는 한민족 고유의 성명제를 폐지하고 일본식 씨명제(氏名制)를 설정해 1940년 2월부터 같은 해 8월 10일까지 '씨(氏)'를 결정해서 제출할 것을 조선민에게 명령했다. 창씨를 하지 않는 사람들의 자녀들에게는 입학과 진학을 거부하고, 호주에게는 비국민(非國民)·불령선인(不逞鮮人) 등으로 간주하고, 우선적으로 노무징용 대상자로 지명하고, 식량 및 물자의 배급대상에서 제외하는 등의 제재를 가했다.

창씨개명은 해방 후 1946년 조선성명복구령에 따라 무효가 되었다. 최근 들어 '창씨개명'이란 용어는 일제의 강요라는 의미를 강조한 '일본식 성명 강요'로 표기되고 있다.

1

1. **토공원 동원** : 서종석(川本淙錫)이 일본 요코스카(橫須賀) 시설부 토공원으로 강제동원되었을 당시 찍은 것으로 추정되는 노무복장의 개인사진. 해군 마크의 모자와 '川本'이라는 이름표를 달고 있다.(일제강점하강제동원피해진상규명위원회 소장)

2. **입영 환송식** : '祝應召 金澤鐘癸君'이라 쓰인 깃발 배경으로 김종계(金澤鐘癸)의 입영 환송 가족사진.(일제강점하강제동원피해진상규명위원회 소장)

3. **하헌중(河本憲中) 징용 증빙사진** : 일본 효고현(兵庫縣) 아사고시(朝來市) 이쿠노마치(生野町) 미쓰비시(三菱)광산 작업장으로 강제동원 당시 '河本'이라는 창씨명 이름표를 달고 찍은 개인사진.(1944년 5월 10일, 일제강점하강제동원피해진상규명위원회 소장)

4. **미쓰비시광산 작업장 동원** : 하헌중이 미쓰비시광산 작업장으로 강제동원된 당시 '河本'이라는 창씨명 이름표를 달고 찍은 광산 노무복장의 개인사진.(일제강점하강제동원피해진상규명위원회 소장)

2

3

4

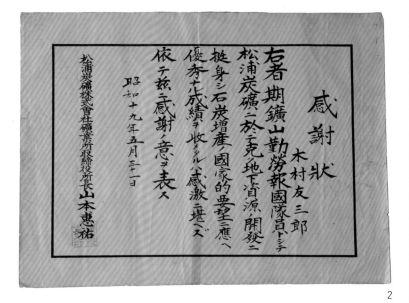

1. **창씨개명(創氏改名)** : 졸업자 성씨가 일본식으로 되어 있는 심상소학교 졸업증서.(1939년, 재일한인역사자료관 소장)

2. **감사장** : 탄광 노동자로 강제징용된 조선인 노동자의 성과를 감사장이라는 종잇장 한 장으로 대신했다.(1944년, 재일한인역사자료관 소장)

3. **오연학(吳州然學) 징병 증빙사진** : 제14방면군 제35군 제30사단 치중병(輜重兵) 제30연대 강제동원 당시로 추정되는 군복장 단체사진. 왼쪽에 일본식 이름인 '吳州然學 入所記念日 昭和 17년(1942년) 12월 16일'이라고 기재되어 있다.(일제강점하강제동원피해진상규명위원회 소장)

4. **통신부** : 본명이 사라진 통신부. 도쿄에서 심상고등소학교를 다니던 이무형은 1940년(소화 15년)부터 본명인 이무형 대신 '무라타'라는 일본 이름을 사용해야 했다. 일제는 1940년 기원절에 창씨령을 발포하고 2월 11일부터 6개월 이내에 창씨개명을 의무화했다. 이무형의 경우는 처음 '다케다'라는 성을 제출했지만 황족의 성이라는 이유로 불허되고, 무라타라는 성이 붙여졌다.(재일한인역사자료관 소장)

3

4

황국신민의 강요

일제는 1937년 중일전쟁을 일으키면서 아시아대륙 침략을 노골화했다. 이에 조선에 대한 보다 강력한 식민지 지배가 필요해지면서, 일제는 조선을 전시동원체제로 재편하기 시작했다. 이를 위해 일제는 한민족을 말살하고 조선인을 '일본 천황의 충실한 백성'으로 만들려는 '황국신민화 정책'을 추진했다.

황국신민화 정책은 1936년 8월 제7대 조선총독으로 부임한 미나미 지로(南次郞) 이후 역대 총독에 의해 지속적으로 추진되었다. 일제는 중일전쟁이 발발하자 내선일체(內鮮一體)를 내세우며, 국민총력운동과 국민정신총동원운동을 전개해 조선인들을 기만적인 황민의식하에서 전쟁에 자발적으로 참여하도록 유도했다. 조선교육령을 개정해 조선인의 민족의식의 말살과 황민화를 꾀하고, 황국신민서사(皇國臣民誓詞)의 암송 및 제창, 신사참배, 창씨개명 등을 강요했다. 일제는 이러한 황민화를 기반으로 지원병제도를 실시해 조선의 많은 청년들을 전쟁터로 몰아넣는 한편 국민징용법에 따라 많은 한국인을 강제징용했다.

황국신민화 정책은 조선인에게 대일본제국의 신민이 될 것과 더 나아가 일본 천황에 대한 충성을 강요하는 조선민족말살정책이자, '황국신민의 의무'인 징병·징용을 통해 전쟁 협력을 강요하기 위한 정책에 다름없었다.

1

1. **교육칙어** : 교육칙어를 외우는 모습. 1890년 메이지 천황 시절 반포된 교육칙어는 천황에 대한 충성을 내면화하는 프로그램이었는데, 일제는 탄광 조선인의 황국신민화를 위해 이 교육칙어를 외우는 것에서 보완교육을 시작했다.

2. **신궁참배** : 자동포분대(自動砲分隊)로 강제징병된 조종섭(夏山義雄)이 조선신궁 참배를 마치고 찍은 자동포분대 단체사진.(1942년 3월 28일, 일제강점하강제동원피해진상규명위원회 소장)

3. **황국신민서사(皇國臣民誓詞)** : 황국신민서사를 낭송하는 학생들. 1937년 중일전쟁 발발 이후 일제는 조선에 대한 민족말살정책의 하나로 황국신민화와 내선일체(內鮮一體) 등을 강요하면서 조선인에게도 일본 천황에게 충성을 다하게 하기 위한 황국신민서사를 강요했다.(재일한인역사자료관 소장)

2

3

1

2

1. **조선신궁 참배** : 강제징용된 인금수(相島正武)가 단체로 조선신궁을 참배하는 광경.(일제강점하강제동원피해진상규명위원회 소장)

2. **강원신사 참배** : 강제징용된 이완동(廣本琓東)이 조선총독부 육군병지원자훈련소에 재소할 당시 강원신사를 참배하는 광경.(일제강점하강제동원피해진상규명위원회 소장)

3. **유맹노(柳川孟魯) 징병 증빙사진** : 제2육군병지원자훈련소로 강제징용된 유맹노(柳川孟魯)가 1944년도 후기생 입소 이후 신사를 참배하는 광경.(일제강점하강제동원피해진상규명위원회 소장)

4. **평양신사 참배** : 강제징용된 김종근(金田鍾根)이 조선총독부 제2육군병지원자훈련소 입소식을 마치고 평양신사를 참배하는 광경.(1942년 12월 19일, 일제강점하강제동원피해진상규명위원회 소장)

3

4

17. 2. 5

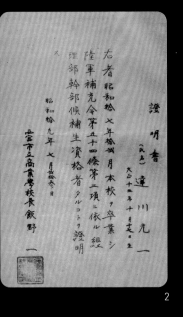

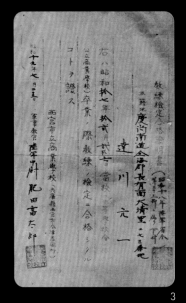

2

3

4

5

1. **황군의 소년** : 자신의 의지와는 관계없이 다쓰가와 겐이치로 창씨개명이 된 서원수. 그는 조선인이었지만 모범적인 황군의 소년이 되었다.(재일한인역사자료관 소장)

2-3. **군사훈련 합격통지서** : 전쟁 시기에 졸업증명서보다도 더 가치가 있었던 군사훈련 합격통지서. 군사훈련을 받고 입대하면 한 계급이 올라가고, 취직을 하더라도 승진이 빨라진다.(재일한인역사자료관 소장)

4. **군사훈련** : 니시노미야(西宮)시립상업학교 시절 군사훈련을 받고 있는 서원수(맨 왼쪽).(재일한인역사자료관 소장)

5. **서원수의 가족사진** : 뒤에 서 있는 학생이 서원수. 당시 가정방문을 온 교장과 담임교사는 "(서원수가) 부족한 점은 결코 없는데, 아무리 손을 써봐도 (서원수의) 직장이 구해지지 않는다"고 토로했다. 모범적인 황군의 소년인 서원수에게도 조선인에 대한 보이지 않는 차별이 존재했던 것이다.(재일한인역사자료관 소장)

6. **총독부 취직** : 일본에서 취직이 어렵자 그는 조선에 있던 할아버지의 권고로 총독부에 취직시험을 쳤다. 면접관은 "너는 일본인 이상으로 일본인이 되어야 한다"면서 124대 천황의 이름을 말하도록 시켰다. 서원수는 천황의 이름은 물론 교육칙어까지 암송해 면접관을 놀라게 했다. 취직은 바로 결정되었다.(재일한인역사자료관 소장)

6

1

2

3

1. **총독부 내에서 차별 :** 조선총독부에서 일본인 직원의 급료는 70엔이었다. 하지만 조선인인 서원수는 42엔을 받았다. 일제는 '내선일체'를 외치고 있었지만 현실 속에서는 조선인을 차별하고 있었다. 사진은 총독부 직원들과의 꽃놀이 장면.(재일한인역사자료관 소장)

2. **해방의 기쁨:** 1945년 8월 18일 태극기를 흔들며 해방의 기쁨을 느끼고 있는 서원수. 거리에 모인 조선인들과 만세를 외쳤다. 그는 '우리 이름을 쓰자', '우리말을 쓰자'는 자각을 하면서 다쓰가와 겐이치라는 창씨개명 이름을 버리고 다시 서원수가 되었다.(재일한인역사자료관 소장)

3. **귀국선 :** 니시노미야(西宮)의 항구에서 출항하는 귀국선과 이를 환송하는 조선인. 해방이 되었지만 일본 정부는 조선인에 대한 귀국정책을 세우지 못했다. 당시 재일조선인연맹은 배를 빌려 강제연행되었던 조선인들을 우선적으로 귀국시켰다.(1945년 10월, 재일한인역사자료관 소장))

4. **퍼레이드 :** 조국해방1주년기념 효고인민대회가 끝난 뒤에 고베 시내를 태극기를 흔들며 퍼레이드하고 있는 모습.(재일한인역사자료관 소장)

5. **재일조선인연맹 :** 재일조선인연맹에 들어간 서원수. 보완대의 완장을 두르고 현장을 카메라에 담았다.(재일한인역사자료관 소장)

4

1. **한신조선초급학교의 입학식** : 1949년 4월에 치러진 한신조선초급학교 입학식 모습. 한신조선초급학교는 조선으로 귀국하지 못하고 어쩔 수 없이 일본에 남은 자녀들의 교육을 맡았다.(재일한인역사자료관 소장)

2. **한신교육투쟁** : 1948년 4월 한신교육투쟁 당시의 모습. 1948년 1월, 미 군정하에 있던 일본 문부성은 '재일조선인은 일본 법령에 따라 일본 학교에 다녀야 한다'고 발표한다. 그 뒤 3월과 4월에 각 지방자치체는 조선인학교에 대한 폐교령을 내린다. 1948년 4월 24일 재일조선인들은 오사카(大阪)와 고베(神戸) 일대에서 이에 대한 항의시위를 벌인다. '4·24한신(阪神)교육투쟁'은 민족교육 옹호 투쟁의 원점으로 기억되고 있다.(재일한인역사자료관 소장)

3. **연좌시위** : 효고현청에서 연좌를 하면서 '조선인학교폐교령의 철회를 요구하고 있는 조선인들의 모습.(재일한인역사자료관 소장)

4. **조선인학교의 강제 폐교** : 기시다 효고현지사에게 항의하는 조선인들. 조선인들은 조선인학교폐교령을 실력으로 철회시켰지만, 조선학교는 강제로 폐교되었다.(재일한인역사자료관 소장)

5. **결혼 후 서원수의 가족사진** : 서원수가 대학 재학 중에 찍은 가족사진. 서원수는 1945년 해방과 더불어 결혼을 했다.(재일한인역사자료관 소장)

5

일제의 전시체제와 강제동원

3

일제의 전쟁 수행을 위한 강제 노동력 동원

마쓰시로 대본영

전쟁터로 강제징용된 조선인들

일제의 전쟁 수행을 위한 강제 노동력 동원

강제동원이란 1938년 국가총동원법의 공포부터 1945년 종전에 이르는 시기에 노동력 동원, 병력 동원, 준병력 동원, 여성 동원, 조선농업보국청년대 등의 유형으로 일본이 전쟁을 수행하기 위해 조선인에게 시행한 동원정책을 말한다.

일제는 1937년 중일전쟁 이후 산업의 군수체제화에 필요한 노동력이 부족하자, 조선인에 대한 징용을 본격적으로 추진했다. 일제는 1938년 4월 인적·물적 자원의 총동원을 위해 국가총동원법을 제정했다. 이후 일제는 1939년 7월 후생성, 내무성, 조선총독부 3자 합의로 '조선인 노무자 내지(內地: 일본) 이주에 관한 건'을 발표했다. 이로써 조선인은 이전의 도일정책과는 완전히 다른 형태로 실시된 '노무동원계획'에 의해 집단적으로 도일하게 되었다. 1941년 일본은 조선인을 대상으로 근로보국대를 조직해, 노동력 동원을 보다 강력하게 진행했다. 근로보국대는 1941년 '국민근로보국령'에 의해 편성된 것으로 철도·도로·비행장뿐만 아니라 신사(神社)의 건립·확장공사에 동원되었다.

일제강점기에 조선인에 대한 노동력 동원은 모집(1939년 9월~1942년 1월), 관알선(1942년 2월~1944년 8월), 강제징용(1944년 9월~1945년 8월) 등의 단계별로 실시되었으나, 강제력을 통해 노동력을 수탈했다는 점에서 큰 차이가 없다. 일본에 강제징용으로 끌려간 조선인은 탄광, 수력발전과 철도, 토목 등의 공사장, 군수공장 등에서 혹사당했다.

1

2

1. **철도공사장 강제동원** : 평안북도 정주 지역 철도공사장으로 동원되었던 박기준(新本吉朝)의 광양산업전사대 제2반 작업기념 단체사진.(1940년 9월 15일, 일제강점하강제동원피해진상규명위원회 소장)

2. **화천, 양구, 춘천에서 동원된 노무자들** : 1943년 1월 10일 화천, 양구, 춘천에서 동원된 100명 노무자의 대동제강(大東製鋼)주식회사 오사카(大阪)공장 산업전사 훈련소 입소기념 사진(1943년 3월 5일, 일제강점하강제동원피해진상규명위원회 소장)

3. **모슬포비행장 공사 강제동원** : 제주도 모슬포비행장 공사에 동원된 김우품의 제주근로보국대 단체사진. 사진 뒷면에 '소화 18년도 제OOO공사 근로보국대원' 이라고 기재되어 있다.(일제강점하강제동원피해진상규명위원회 소장)

3

1

2

3

4

5

1. **탄광 강제동원** : 이희우(岩本僖雨)가 일본 후쿠오카현(福岡縣) 소재 미쓰비시(三菱) 이즈카(飯塚)광업소 나마즈타탄광에 근무할 당시의 노무복장.(일제강점하강제동원피해진상규명위원회 소장)

2. **탄광 강제동원** : 최원길(松本一成)이 일본 나고야(名古屋) 소재 탄광으로 동원되었을 당시로 추정되는 노무복장. 하단에 '入坑1周年記念'이라고 기재됨.(일제강점하강제동원피해진상규명위원회 소장)

3. **탄광 강제동원** : 김성회가 일본 홋카이도(北海道) 스미토모(住友) 우타시나이(歌志内)광업소에 동원된 당시 찍은 것으로 추정되는 광산 노무자 단체사진.(일제강점하강제동원피해진상규명위원회 소장)

4. **탄광 강제동원** : 박순원이 일본 후쿠오카현에 있는 탄광에 동원된 후 찍은 노무자 단체사진(상세한 장소, 일자 미상, 일제강점하강제동원피해진상규명위원회 소장)

5. **염료공장 강제동원** : 김한중(金光翰中)이 일본 후쿠오카현 미쓰이염료(三井染料) 오무다(大牟田)공장으로 동원되었을 당시에 찍은 것으로 추정되는 노무자 단체사진.(일제강점하강제동원피해진상규명위원회 소장)

1

2

3

1. **당진 지역의 강제동원 노무자들 :** 박후용(木本厚用)을 비롯한 당진 지역에서 강제동원된 노무자들이 일본으로 출발하기 전에 찍은 단체사진.(일제강점하강제동원피해진상규명위원회 소장)

2. **탄광 강제동원 :** 정형조(光本亨祚)가 일본 이와테현(岩手縣) 소재 마쓰오(松尾) 탄광으로 동원되었을 당시 기숙사에서 동료들과 함께 찍은 사진.(일제강점하강제동원피해진상규명위원회 소장)

3. **입영 환송 기념 장면 :** 박노익(川木眞一)이 음성금융조합을 배경으로 금융조합 직원들과 함께 찍은 입영 환송 기념사진.(일제강점하강제동원피해진상규명위원회 소장)

4. **송진 채취 강제동원 :** 박노익이 금융조합 재직 당시 송진 채취를 위해 동원된 근로봉사대 기념사진.(1944년, 일제강점하강제동원피해진상규명위원회 소장)

1944.7.22

4

1

2

1. **공주 출신 강제동원 노무자들** : 하헌중(河本憲中)이 일본 효고현 아사고시(朝來市) 이쿠노마치(生野町) 미쓰비시광산 작업장으로 동원된 후 공주 출신의 노무자들과 찍은 단체사진.(1945년 9월 16일, 일제강점하강제동원피해진상규명위원회 소장)

2. **미쓰비시광산 작업장 강제동원** : 일본 효고현 아사고시 이쿠노마치 소재 미쓰비시광산 작업장으로 동원되었을 당시로 추정되는 하헌중의 노무복장 단체사진.(일제강점하강제동원피해진상규명위원회 소장)

3. **미쓰비시광산 작업장 강제동원** : 일본 효고현 아사고시 이쿠노마치 소재 미쓰비시광산 작업장을 배경으로 찍은 하헌중의 단체사진.(1945년 9월 16일, 일제강점하강제동원피해진상규명위원회 소장)

4. **탄광 강제동원** : 김종욱(先金鍾郁)의 일본 후쿠오카현 소재 미쓰비시 이즈카광업소 나마즈타탄광 新五坑 先金隊 단체사진.(1944년 12월, 일제강점하강제동원피해진상규명위원회 소장)

3

4

1

2

3

1. **강천면 근로보국단** : 엄용인의 징용 증빙 사진으로, 하단에 '강천면 근로보국단 제4회 출동대 일동 소화 13년 11월 19일 삼산리 공사장에서'라고 기재된 근로보국대의 단체사진.(일제강점하강제동원피해진상규명위원회 소장)

2. **조선소 강제동원** : 김권태가 일본 오사카부(大阪府) 후지나카타(藤永田)조선소로 동원된 후 교토(京都) 아라시야마(嵐山)에서 동료들과 함께 찍은 사진.(1945년 4월 15일, (일제강점하강제동원피해진상규명위원회 소장)

3. **노무자의 합동장례식** : 일본 홋카이도(北海道) 미쓰이(三井) 스나가와(砂川)광업소로 동원되었다가 사고사한 이봉옥 등 노무자의 합동장례식 전경.(일제강점하강제동원피해진상규명위원회 소장)

1

2

3

1. **탄광 생활 사진첩** : 주종진의 징용 증빙 사진으로, 일본 미쓰비시 우에야마다(上山田)탄광으로 동원되었을 당시의 생활 모습이 찍힌 사진첩. 기업홍보용 사진첩으로 추정된다.(일제강점하강제동원피해진상규명위원회 소장)

2. **홍보용 사진첩** : 정팔남이 강제동원된 구마모토전열공업소의 기념사진첩. 일본 구마모토현(態本縣) 구마모토전열공업소 홍보용 사진첩으로 추정된다.(1945년 4월 15일, 일제강점하강제동원피해진상규명위원회 소장)

3. **탄광 강제동원** : 장덕환(橋村悳火)의 징용 증빙사진으로, 일본 후쿠오카현(福岡縣) 야마다(山田)탄광으로 동원된 조선인 노무자 단체사진. 상단에 驪州郡 勤勞報國隊 日産 山田鑛訓練所 入所記念(1943. 10. 9)이라고 기재되어 있다.(일제강점하강제동원피해진상규명위원회 소장)

4. **탄광 강제동원** : 장복규(張本福圭)가 일본 야마구치현(山口縣) 우베시(宇部市) 소재 히가시조메(東見初)탄광으로 동원되었을 때의 서천군 근로출동대 단체사진.(일제강점하강제동원피해진상규명위원회 소장)

4

産業戰士
秋田縣北秋田郡花岡鑛業所
忠清南道唐津郡隊

昭和十八年六月六日記念撮影

1

2

1. **탄광 강제동원** : 이종길이 일본 아키다 현(秋田縣) 기타아키다군(北秋田郡) 하나오카(花岡)광업소로 동원된 후 찍은 충남 당진군 출신 노무자 단체사진.(1943년 6월 6일, 일제강점하강제동원피해진상규명위원회 소장)

2. **임검** : 조선인 강제동원을 위해 조선에 파견된 탄광의 직원들.

3. **탄광 강제동원** : 정성득이 일본 홋카이도(北海道) 구시로시(釧路市) 샤쿠베쓰(尺別)탄광으로 동원된 후 찍은 노무자 단체사진. 상단에 '信愛寮 개료식 기념 소화 17년 6월 14일'이라고 기재되어 있다.(일제강점하강제동원피해진상규명위원회 소장)

4. **탄광 강제동원** : 정성득이 일본 홋카이도 구시로시 샤쿠베쓰탄광 입구에서 찍은 징용자 단체사진.(일제강점하강제동원피해진상규명위원회 소장)

3

4

1

2

3

1-2. 제철소 강제동원 : 박래현(新野來鉉)
이 일본 가나가와현(神奈川縣) 일본강관
(日本鋼管)주식회사 쓰루미(鶴見)제철소
로 동원된 후 찍은 노무자 단체사진.(일
제강점하강제동원피해진상규명위원회 소장)

3. 중공업 회사 강제동원 : 이웅복(牧山雄
馥)의 징용 증빙사진으로, 일본 오사카
부(大阪府) 이즈미오쓰시(泉大津市) 소재
고로 부케(壽)중공업주식회사 노무자 단
체사진.(일제강점하강제동원피해진상규명위원
회 소장)

4. 중공업 회사 강제동원 : 이웅복이 일본
오사카부 이즈미오쓰시 소재 고로 부케
(壽)중공업주식회사로 동원되었을 당시
로 추정되는 사진.(일제강점하강제동원피해
진상규명위원회 소장)

4

1

2

1. **강화도 근로보국단** : 박충원(新井忠遠)이 강제징용된 강화도 화도면 근로보국단 단체사진.(일제강점하강제동원피해진상규명위원회 소장)

2. **농경근무대 강제동원** : 이웅복(牧山雄馥)의 징용 증빙사진. 일본 도치기현 제3농경근무대로 동원되었을 당시로 추정되는 사진이다.(일제강점하강제동원피해진상규명위원회 소장)

3. **사상 조사** : 오병선(吳山炳旋)이 청주경찰서에서 사상 조사를 받는 광경.(일제강점하강제동원피해진상규명위원회 소장)

4. **청주역 집결** : 오병선이 오사카제철소로 징용된 노무자들과 함께 청주에서 출발하기 위해 집결해 있는 광경.(일제강점하강제동원피해진상규명위원회 소장)

3

4

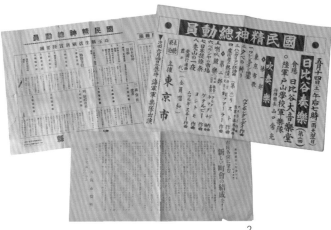

1. **국민체력강화책** : '각지집단체조의 호사례'를 싣고 있는 국민정신총동원중앙연맹의 국민체력강화책. 일제는 국민체력의 강화라는 명목으로 국민정신총동원연맹을 조직해 조선인들을 전시생활체제로 몰아갔다. 모든 인적·물적 자원을 동원하기 위해 1937년 10월 일본에서 국민정신총동원중앙연맹이 결성되었고, 조선에서도 이듬해인 1938년 7월 국민정신총동원조선연맹이 조직되었다.(재일한인역사자료관 소장)

2. **국민정신총동원** : 국민정신총동원 집회 전단. 1938년 국가총동원법의 제정 공포 이후 1945년 전쟁이 끝날 때까지 일제는 전쟁 수행을 위해 조선인을 강제 동원했다.(재일한인역사자료관 소장)

3. **강제공출** : 강제공출 관련 문서. 일제는 태평양전쟁 등으로 군수품 조달이 힘들어지자 '공출'이라는 명분을 내세워 쌀, 보리 등의 미곡과 가축뿐만 아니라 농기구, 가마솥, 놋그릇, 요강, 숟가락 등까지도 강제로 공출해 갔다. 일제강점기 동안 공출 품목은 모두 80여 종에 이른다.(재일한인역사자료관 소장)

4. **저축통장** : 일본 제국주의는 전쟁 말기 부족해진 전쟁물자를 조달하기 위해 가정집에 있던 철이나 동은 물론, '애국저축'이라는 명목으로 기부를 강요했다.(재일한인역사자료관 소장)

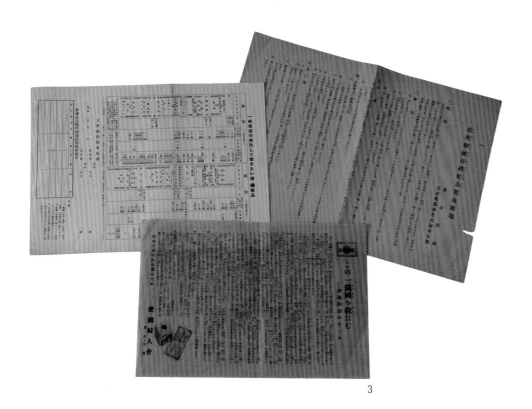

3

4

1

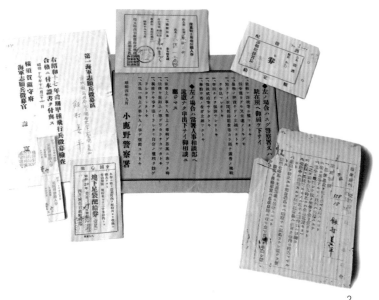

2

1. **조선인 조사보고서** : 일본 오카야마현(岡縣)의 어느 조선소에 강제동원된 조선인 소년들에 대한 일제의 조사보고서.(재일한인역사자료관 소장)

2. **술 배급표** : 태평양전쟁이 막바지에 접어들면서 일제는 부족해진 생필품의 일부를 배급제를 통해 공급했다.(재일한인역사자료관 소장)

3. **탄광 사고자 명단** : 일본 규슈(九州) 후쿠오카현(福岡縣)의 지쿠호(筑豊)에 있는 한 사찰의 기록. 1937년 탄광사고로 사망한 조선인 광부의 이름과 창씨개명 이름들이 기록되어 있다. 지쿠호 지역은 태평양전쟁 말기 300여 개의 탄광이 밀집했던 일본 석탄산업의 중심지로, 강제징용을 당한 많은 조선인이 갱내작업에 투입되었다. 하지만 그 전체상에 대해서는 아직도 진상이 정확히 밝혀져 있지 않다.(1984년, 사진 배소)

4. **조선인 탄광부 명부** : 강제연행된 조선인 탄광부 명부. 조선인들은 채광을 비롯해 석탄과 철광석 수송에 필요한 항만과 철도·도로 건설 등에 투입되어 갖은 노역에 시달렸다.(1984년, 사진 배소)

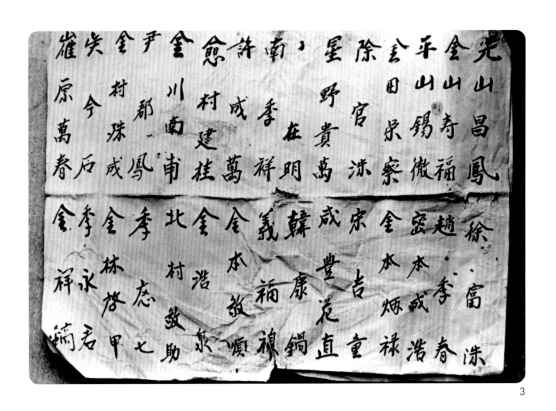

3

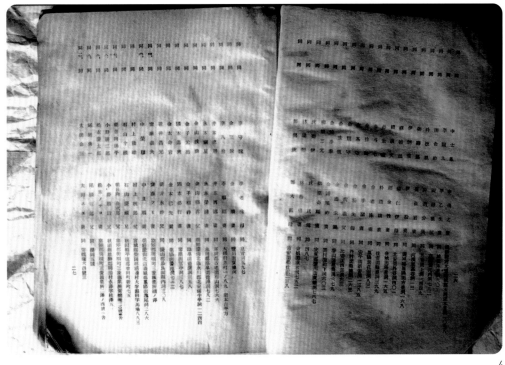

4

1

2

1. **유골** : 탄광지역인 지쿠호에 강제징용되어 일하던 조선인 광부의 유골. 후쿠오카 지역의 미이케(三池)탄광, 지쿠호탄광, 후루나가(古長)광업소 등으로 강제연행되어 열악한 노동에 시달리다 죽어간 조선인 노동자 39기의 유골을 안장하고, 추도하기 위해 2000년 12월 납골당인 이즈카레이엔(飯塚靈園) 무궁화당이 설립되었다.(1984년, 사진 배소)

2. **한 조선인 노동자의 묘** : 일본 규슈 후쿠오카현의 휴가(日向) 고개에 있는 어느 조선인 탄광 노동자의 묘. 규슈 지역은 홋카이도와 함께 태평양전쟁 때 조선인들이 강제연행된 대표적인 지역 중 하나다.(1984년, 사진 배소)

3. **조선 청년들** : 지쿠호 지역 미쓰비시의 탄광에서 노동력을 강제당해야 했던 조선의 청년들.(1942년, 사진 배소)

4. **순직인부 명부** : 대일본산업보국회가 탄광과 군수공장 등에서 죽은 사람들을 정리한 '순국산업인명부'. 명부에는 조선인 광부의 희생자가 다수 포함되어 있다. 대일본산업보국회는 전시하 노사쟁의를 억제하고 노동자의 생산력 증강을 꾀하려는 산업보국운동의 추진을 위해 1940년 11월 결성되었다.(1984년, 사진 배소)

3

4

1

1. **강제연행** : 일본 규슈 후쿠오카현 지쿠호(筑豊)의 탄광에 강제연행되었던 정창정.(1981년, 사진 배소)

2. **탄광촌** : 지쿠호의 탄광촌. 지쿠호에는 전쟁이 끝난 뒤에도 조국으로 돌아가지 않고 일본에서 생활을 계속하고 있는 재일조선인의 아리랑마을이 여러 곳에 있다.(1983년, 사진 배소)

3. **탄광 전경** : 지금은 초목으로 뒤덮여 있는, 후쿠오카현 이즈카(飯塚)에 있는 보타산 풍경. 보타산(山)이란 탄광에서 석탄을 채굴한 뒤에 남은 '보타'가 쌓여 생긴 산이다.(1983년, 사진 배소)

4. **탄광지대** : 후루카와(古河) 오미네(大峰) 탄광 석탄 야적장 흔적. 과거 탄광지대였던 지역이 지금은 초목으로 덮여 있다.(1983년, 사진 배소)

2

3

4

1

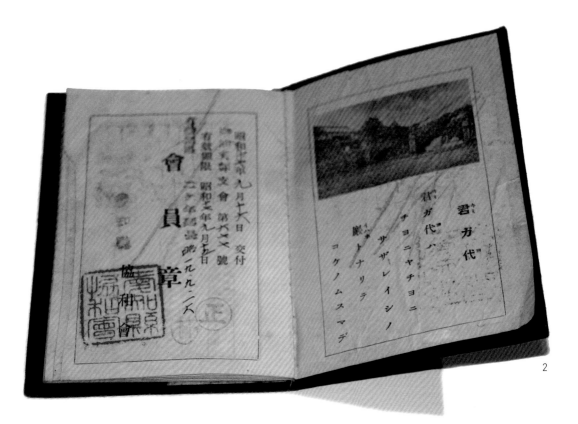

2

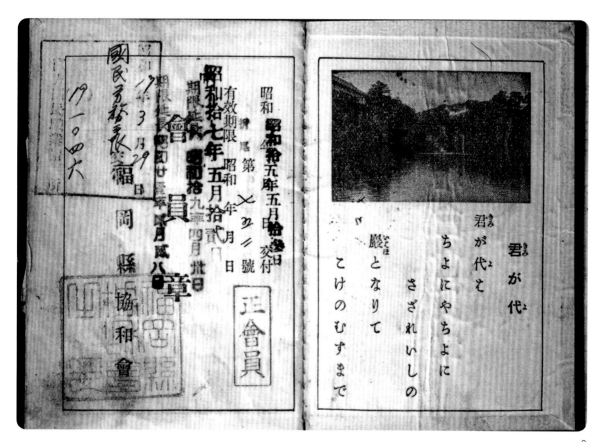

3

1-3. 협화회 회원증 : 협화회(協和會)는 1932년 7월 일(日), 선(鮮), 만(滿), 한(漢), 몽(蒙) 등 5개 민족의 협력을 도모한다는 명목으로 만든 일제의 어용기관이다. 사진 1, 2(재일한인역사자료관 소장)는 일본에 있는 조선인들이 반드시 소지해야 했던 협화회 회원증이다. 사진 3(사진 배소)은 후쿠오카현에서 발행한 협화회 회원증이다. 협화회는 재일조선인에게 협화회 수첩을 교부해 가입 및 등록을 강제했다. 협화회는 사업주로 하여금 사업 소재지 협화회 회원증을 소지하지 않은 자를 고용하지 못하게 했으며, 회원증을 통해 조선인 노무자의 열차나 선박 등을 이용한 이동을 단속했다. 협화회 회원증에는 도주자 색출을 용이하게 하기 위해 회원의 사진이 부착되어 있었다. 일본의 국가인 '기미가요' 또한 실려 있었다. 현 일본의 외국인등록증은 이것을 기초로 한 것이라고 할 수 있다.

1

2

1. **국민노무수첩** : 조선인 노동자의 이동을
   방지하기 위해 협화회에서 배포한 노무
   수첩.

2. **협화회관** : 일본 오사카부(大阪府)협화
   회관 전경.(재일한인역사자료관 소장)

3. **조선영화 상영** : 협화회의 조선영화 상
   영. 협화회는 조선총독부가 제작한 선전
   영화를 일본에서 상영하기도 했다.(재일
   한인역사자료관 소장)

4. **협화회 지도자 강습회** : 아키타현(秋田)
   협화회가 주최한 제1회 지도자 강습회
   를 마친 후의 기념촬영 사진.(재일한인역
   사자료관 소장)

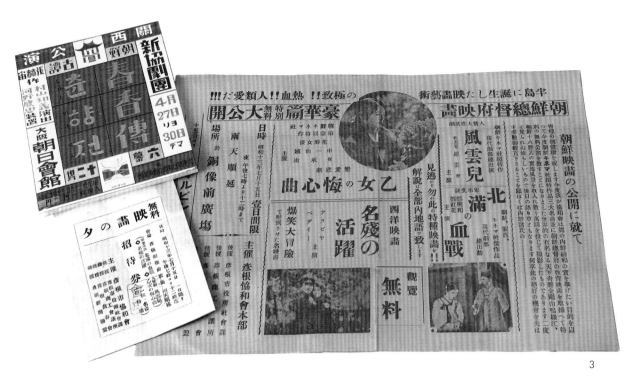

3

4

1

1. **조선유연탄주식회사 협화료 :** 황운성이 강제징용된 후 찍은, 함경북도 경원군 용덕면 용북동 소재 조선유연탄주식회사 제2협화료 단체사진.(일제강점하강제동원피해진상규명위원회 소장)

2. **구시로시(釧路市) 협화회 :** 인금수(相島正武)가 강제징병된 후 찍은, 홋카이도 구시로시협화회 중견간부 강습회 기념사진.(1942년 5월 31일, 구시로시 공회당, 일제강점하강제동원피해진상규명위원회 소장)

協和会中堅幹部講習会　昭和十七年四月二十日　於訓路市公会堂

2

1

1-2. **구마모토현(熊本縣) 협화회** : 윤기순
　　이 강제징용된 후 찍은, 일본 구마모토
　　현 협화회 단체사진.(일제강점하강제동원피
　　해진상규명위원회 소장)

3. **홋카이도(北海道) 구시로시(釧路市) 협화
　　회** : 정성득이 강제징용된 후 찍은, 일본
　　홋카이도 구시로시 협화회 샤쿠베쓰(尺
　　別)지부 연성회(練成會) 기념사진.(1942년
　　8월, 일제강점하강제동원피해진상규명위원회
　　소장)

2

3

마쓰시로 대본영

태평양전쟁 말기 일본 본토에서의 결전에 임한 일본군 대본영(大本營)은 국체 수호를 위해 천황과 대본영, 정부의 중추기관을 나가노현(長野縣) 마쓰시로(松代)에 이전하는 것을 결정했다. 마쓰시로 대본영은 '본토 결전'을 수행하려는 일본 군부의 발상과 '국체 보존'이라는 명목하에 절대주의적인 천황제를 고수하려는 당시 일본 지도부의 의도를 나타낸다.

마쓰시로가 대본영으로 선택된 데는 '마쓰시로가 수도 도쿄의 해안선과 멀리 떨어진 적지인 점, 지형이 암반으로 구성되어 있다는 점, 에도시대 때부터 전해 내려온 주민들의 품성상 비밀 유지가 가능하다는 점 외에도 마쓰시로의 또다른 명칭이 신이 내린 지역이라는 뜻의 '신슈(神州)'라는 점이 작용했다고 알려져 있다.

일본은 거대한 지하 요새를 구축하는 계획을 세우고 1944년 11월 11일부터 비밀리에 공사를 진척시켰다. 모두 9개소의 공사가 계획되어 1945년 8월 15일까지 80퍼센트의 공사가 진척되었다. 총 9개월간의 비밀공사 끝에 총연장 13킬로미터 중 11킬로미터의 방공호를 끝낸 상태에서 종전을 맞았다.

마쓰시로 대본영의 지하호는 마이즈루산(舞鶴山), 미나가미산(皆神山), 조잔(象山) 주변의 세 군데에 만들어졌다. 마쓰시로 대본영 조선인희생자위령비건립실행위원회는 1977년 11월 11일(공사가 시작된 날) 조잔 지하호 입구에 '조선인 희생자 추모 평화기념비'를 세웠다.

공사에 동원된 조선인은 대부분 강제연행된 사람들이었다. 조선인이 사고의 위험이 높고 일이 힘든 발파와 내부 굴착공사를 주로 맡았다. 이들 조선인 중에는 일본군 위안부도 있었다. 이 공사에 동원된 노동자의 규모나 희생자에 대해서는 자세히 알려진 바가 없다.

1

1. **지하 군지휘부** : 군지휘부와 천황의 거처, NHK 등이 들어갈 예정이었던 지하호.(1990년, 사진 배소)

2. **지진계** : 전 세계의 지진을 탐지할 수 있었던 지진계. 직선거리 100미터에 이르는 터널 안에 지진계가 설치되어 있었다.(1990년, 사진 배소)

3. **천황의 고자쇼(御座所)** : 일본 천황이 거처할 곳. 노송나무로 만들어졌다.(1990년, 사진 배소)

2

3

1

2

1. **위안부가** : 1944년 11월 '조선인이 부근의 부녀자를 폭행하는 것을 방지하기 위해서'라는 명분으로 지하호에서 2킬로미터 떨어진 농가의 양잠실이 위안소로 만들어졌다. 이곳에서 조선인 여성 4명이 감시 상태로 일본군 위안부 생활을 강요당해야 했다.(1991년, 사진 배소)

2. **위안부가의 주방** : 일본군 위안소 안에서 일본군 위안부들이 사용했던 주방.(1991년, 사진 배소)

3. **위안부 건물** : 대본영 부근에 위치해 있는 곳으로, 일본군 위안부들이 사용했던 공간.(1991년, 사진 배소)

4. **광기의 낙서** : '대일본 만세'라고 쓰여 있는 지하호의 모습. 전쟁의 광기에 휩싸였던 일본제국주의는 패전으로 끝을 맺었다.(1990년, 사진 배소)

3

4

1

2

3

4

1. **지하호** : 많은 조선인 노동자의 희생으로 만들어진 마이즈루산의 지하호.(1990년, 사진 배소)

2. **한글 낙서** : 조선인 노동자들이 지하호에 남겨 놓은 한글 낙서.(1990년, 사진 배소)

3. **대본영 공사현장 강제동원** : 김우섭(金海雨燮)이 일본 나가노현 마쓰시로 대본영 공사현장으로 동원되었을 당시 찍은 것으로 추정되는 개인사진.(일제강점하강제동원피해진상규명위원회 소장)

4. **대본영 공사현장 강제동원** : 김우섭이 일본 나가노현 마쓰시로 대본영 공사현장으로 동원되었을 당시 동료 두 명과 찍은 사진.(일제강점하강제동원피해진상규명위원회 소장)

전쟁터로 강제징용된 조선인들

전쟁을 수행하기 위해 일본은 1938년 국가총동원법의 공포부터 1945년 종전에 이르는 시기에 노동력 동원, 병력 동원, 준병력 동원, 여성 동원, 조선농업보국청년대 등의 유형으로 조선에 강제동원정책을 실시한다.

특히 일제가 1941년에 태평양전쟁을 도발하면서는 더 많은 전쟁 인력과 노무 인력을 필요로 했다. 일제는 1942년 3월에 대규모의 국민동원 계획을 세우고 강제력이 한층 강화된 '관 알선' 방식의 근로보국대를 비롯해, 1944년 2월부터 국민징용령에 의해 강제연행 방법으로 징용제를 시행했다. 이에 많은 조선인들이 일본 본토와 홋카이도, 사할린, 중국, 남양군도(필리핀, 뉴기니아 등) 등 일본의 점령지·격전지에 끌려가 일제의 침략전쟁의 총알받이가 되었다. 또한 종전 후에는 강제로 전쟁에 동원된 많은 조선인들이 BC급 전범으로 몰려야 했다.

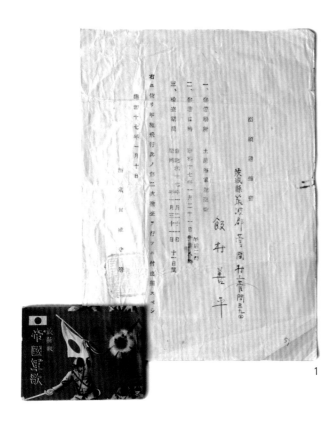

1

2

1. **출두통달서 :** 일제가 조선인을 강제징용하기 위해 발부한, 군의 입대를 명령하는 출두통달서. 1942년 1월 10일에 발부한 것이다.(재일한인역사자료관 소장)

2. **남방군 강제징용 :** 김수열(金田光原) 이 남방군 제8방면군 제20사단으로 동원되었을 당시 찍은 것으로 추정되는 군복장의 단체사진. 하단에 '잊지 마세 굳센 마음 1939. 12. 15'라 기재됨.(일제강점하강제동원피해진상규명위원회 소장)

3. **공병 보충대 강제징용 :** 권오숙(權藤淑溥)이 1942년 봄, 공병 제30연대 보충대 입대 당시 가족들과 찍은 사진.(일제강점하강제동원피해진상규명위원회 소장)

3

1

3

2

3

4

徵兵適齡者記念撮影
'9, 5, 24

5

1-2. **군사훈련** : 군사훈련을 받고 있는 조선의 청년들. 일제는 1937년 중일전쟁 이래 침략전쟁을 확대하는 과정에서 대규모 병력 보충이 필요해지자 조선인 청년들을 강제로 군대에 복무하도록 했다. 군복무에 필요한 자질을 단련한다는 목적으로 중등학교 이상에는 현역 장교를 배속시켜 학생들에게 군사훈련을 시키고, 국민학교 졸업생은 청년훈련소에 보내 이를 수료하지 못할 경우 청년특별훈련소에 입소시켰다. 이후 1944년 징병제가 실시되면서 조선인 청년들은 전쟁의 총알받이로 내몰리게 되었다.(재일한인역사자료관 소장)

3. 〈**아사히 그라프**〉**의 화보** : 전쟁에 동원된 조선인을 특집기사로 다루고 있는 화보 잡지 〈아사히 그라프〉.(재일한인역사자료관 소장)

4. **김갑배**(金子甲培)**의 강제징병** : 제120사단 13958부대 제2내무반 단체사진.(일제강점하강제동원피해진상규명위원회 소장)

5. **김갑배의 강제징병** : 1944년 10월 입대한 김갑배의 현역병 단체사진.(일제강점하강제동원피해진상규명위원회 소장)

6. **김갑배의 강제징병** : 김갑배의 '징병 적령자(適齡者) 기념촬영' 단체사진.(1944년 5월 24일. 일제강점하강제동원피해진상규명위원회 소장)

1

2

1-4. 박용선(國川智光)의 강제징용 : 징집 이전 박용선이 홍성보중학교에서 군사 훈련을 받을 당시의 사진.(일제강점하강제 동원피해진상규명위원회 소장)

전쟁터로 강제징용된 조선인들

1

1-2. 김재연(金本再連)의 강제징병 : 일본 시코쿠(四國) 84연대 2대대 동원 당시 찍은 것으로 추정되는 군복장의 사진.(일제강점하강제동원피해진상규명위원회 소장)

3. 김경환(竹谷光平)의 강제징병 : 남양비도(필리핀제도) 제14방면군 직할 제19사단 보병 76연대 호8506부대 동원 당시로 추정되는 군복장의 개인사진.(일제강점하강제동원피해진상규명위원회 소장)

4. 한병조(青井兵造) 강제징병 : 남양 자바 포로수용소 제1분견소 용인으로 동원되었을 당시 찍은 것으로 추정되는 개인사진.(일제강점하강제동원피해진상규명위원회 소장)

5. 김학진(金山武正)의 강제징병 : 일본 후쿠오카현(福岡縣) 제5항공군 다치아라이(太刀洗)항공대 서부 100부대 항기병 단체사진.(1945년 1월 15일, 일제강점하강제동원피해진상규명위원회 소장)

2

3

4

20. 1. 15

5

1

2

3

4

5

전쟁터로 강제징용된 조선인들

91

志願兵 入所時

金田鍾根

金田鍾根

金田鍾根

昭和十七年十二月十六日 中洞 一同 記念 撮影

1. 김종근(金田鍾根)의 강제징병 : 지원병 입소 환송 기념사진.(1942년 12월 16일, 일제강점하강제동원피해진상규명위원회 소장)

2-3. 김종근의 강제징병 : 조선총독부 제2 육군병지원자훈련소에 재소할 당시로 추정되는 단체사진.(일제강점하강제동원피해진상규명위원회 소장)

2

3

1. **이종한의 강제징용** : 선박군 제3선박 수송사령부 말레이시아지부 운수병(運輸手)으로 동원되었을 당시로 추정되는 개인사진.(일제강점하강제동원피해진상규명위원회 소장)

2. **정길조(東田吉祚)의 강제징용** : 중국 파견군 제6군 예하부대 독립보병 제122대대로 동원되었을 당시로 추정되는 군복장의 개인사진.(1944년 6월 1일, 일제강점하강제동원피해진상규명위원회 소장)

3. **이시우(大山時雨)의 강제징용** : 일본 사세보시(佐世保市) 하이키(早岐) 해군공창 조선인군속 단체사진. 하단에 '시모와다(下和田) 사감 송별 기념촬영 반도공원(半島工員)일동' 이라고 기재되어 있다.(일제강점하강제동원피해진상규명위원회 소장)

4. **전갑석의 강제징용** : 혈심공립청년특별연성소에 재소할 당시의 단체사진.(1944년 3월 20일, 일제강점하강제동원피해진상규명위원회 소장)

3

4

金光奎洙　金光輝和　南洪亨杓　德浦正雄　岩村相親
金本忠治　山宇春植　德浦正雄　　　　　　　德浦正雄
富源靜馬　澤野安夫　大島炯實
木下滕正　岡村鴻川　金原泳鑫
新本性辰　山元健吉　安本忠治
金山商金　松田虎林
安東武男
廣島義雄
昌山萬福

金光奎洙　金本忠治　成田武雄　不山純一　德山宣正
清原盛勝　松本昌晏　伊藤博次郎　桃村武夫　成田正夫
柳川炯茂　東原名根　金井秀夫　梁川炳斗　松元銑夫
密木茂直　豊田光雄　武澤常秀

松本武雄　金山泰洙　戶山武雄　松林武憲　西原太助
富田瀋雄　原邊正吉　野田南陽　洪村健次郎　金本光述
柳原文雄　新井秀雄　岡本光雄　吳本良一　山本佳秀
松村基華　海原鍾相　昌山萬福

松本完石　金本應坤　金谷周文　德本正義　金朝起培
梁川富雄　松村富雄　梁川富雄　廣島義雄　山元健吉
松田虎林　安本忠治

宮田玉出　山本良一　金谷周文　德本正義
柿村助手殿　新井秀雄　岡本良一　海原春吉
竹田博哉　高山秀雄　松村基華

原本武述　野田正吉　富田孝雄　柳原文雄
五十嵐敎官殿　磯部敎官殿　西原命洙　新本永吉
吉村光雄　吉村光吉

平山豊太郎　伊泉在敦　岡本敎官殿　林路龍
牧山勝雄　周原千種　大川武男　金川鎭成
宮本學鳳　中原學鳳　河本忠一

新井麟鳳　南鄕章雄　金澤光高　富田瀋雄
宮本英雄　吉村光吉　新本永吉　西原命洙
岡本承鉉　星村隆雄　密城相一　梅田善一

金陵正義　金本光昇　新井麟鳳
山田成野　金谷英正　善本次郎
牧山元賴　松村茂

武澤常秀　豊田光雄　密木茂直　松元銑夫　梁川炳斗
金井秀夫　東原名根　柳川炯茂　成田正夫　桃村武夫
伊藤博次郎　松本昌晏　清原盛勝　德山宣正　不山純一
成田武雄　金本忠治　金光奎洙

班練訓四・三 隊區五第

大東亞戰爭戰役者橫須賀鎭守府合同葬儀

2

1. **배상원의 육군병지원자훈련소 1940년 전기 수료 기념 앨범** : 조선총독부 육군 병지원자훈련소 1940년 전기 수료 기념 앨범.(1940년, 일제강점하강제동원피해진상규 명위원회 소장)

2. **주삼평(世田森平) 강제징용** : 제4해군 시설부 공원으로 동원되었다가 전사한 주삼평 등의 합동장례식 전경 사진. 사 진 하단에 '대동아전쟁 전몰자 요코즈 카 진수부 합동장의'라고 기재되어 있 다.(일제강점하강제동원피해진상규명위원회 소장)

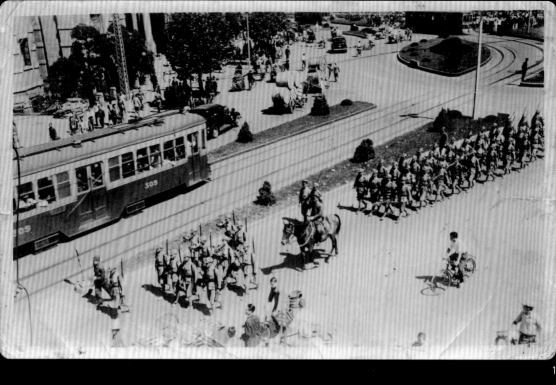

3

1. **박낙순(正本洛淳)의 강제징병** : 조선총독
   부 육군병지원자훈련소에 재소할 당시
   의 광화문통 행군 광경.(9월 12일, 일제강
   점하강제동원피해진상규명위원회 소장)

2. **박낙순의 강제징병** : 조선총독부 육군병
   지원자훈련소에 재소할 당시의 행군.(일
   제강점하강제동원피해진상규명위원회 소장)

3. **스모대회** : 박낙순이 조선총독부 육군병
   지원자훈련소에 징용되었을 때의 스모
   대회.(9월 18일, 일제강점하강제동원피해진상
   규명위원회 소장)

4. **스모대회 시상식** : 박낙순이 조선총독부
   육군병지원자훈련소에 징용되었을 때의
   스모대회 시상식.(9월 18일, 일제강점하강제
   동원피해진상규명위원회 소장)

1

2

3

1. **조종섭(夏山義雄)의 강제징병 :** 가네타대(金田隊)에 동원된 당시 찍은 것으로 추정되는 사진.(일제강점하강제동원피해진상규명위원회 소장)

2. **합동장례식 :** 제12방면군 고사포병 제111연대로 동원되었다가 전사한 조성인(松山聖仁) 등의 합동장례식 제단 사진.(일제강점하강제동원피해진상규명위원회 소장)

3-4. **유정석(柳田春夫)의 강제징용 :** 종전 후 타이베이(臺北)에 집결한 일본군 출신 조선인들이 결성한 한적관병집훈총대가 타이베이시 공회당(사진 3)과 타이베이수용소(사진 4)를 배경으로 찍은 단체사진.(일제강점하강제동원피해진상규명위원회 소장)

4

1

2

1-2. 사열 : 유맹노(柳川孟魯)가 제2육군병
지원자훈련소에 재소할 당시 사열 광
경.(1943년 12월 16일, 일제강점하강제동원피
해진상규명위원회 소장)

3. 학무국장 훈화 : 인금수(相島正武)의 조
선총독부 육군병지원자훈련소 입소식
당시의 학무국장 훈화 광경.(일제강점하강
제동원피해진상규명위원회 소장)

4. 징병자 대상 강연 : 인금수(相島正武)가
조선총독부 육군병지원자훈련소에 재소
할 당시의 강연 광경. 사진 하단에 '支
那事變勇士原田少尉講話'라고 기재되어
있다.(일제강점하강제동원피해진상규명위원회
소장)

3

4

1

2

3

國民總力龍岡洞聯盟婦人部結成記念 勤勞奉仕

4

1

2

1-2. 육군병지원자훈련소 징병 : 이완동이 조선총독부 육군병지원자훈련소에 재소할 당시의 단체사진.(일제강점하강제동원피해진상규명위원회 소장)

3. 행군 : 이완동이 조선총독부 육군병지원자훈련소에 재소할 당시의 행군 광경.(일제강점하강제동원피해진상규명위원회 소장)

4. 입소식 : 이완동의 조선총독부 육군병지원자훈련소 제2기생 입소식 광경.(1941년 8월 15일, 일제강점하강제동원피해진상규명위원회 소장)

3

4

平山、安田、稲生、君 入營記念
昭一九、九、七日

1

2

3

4

1. **히로시마훈련소 입영** : 조동만(稻生東萬)
   의 일본 히로시마훈련소 입영 기념 단
   체사진(1944년 9월 7일, 일제강점하강제동원
   피해진상규명위원회 소장)

2. **조동만의 강제징병** : 일본 히로시마훈련
   소 시절의 단체사진.(일제강점하강제동원피
   해진상규명위원회 소장)

3. **징병자 대상 훈화** : 김정섭(金光正燮)의
   조선총독부 육군병지원자훈련소 제2차
   전형 검사 당일, 위원장 대리의 훈화 광
   경.(일제강점하강제동원피해진상규명위원회
   소장)

4. **창동 행군** : 김정섭이 조선총독부 육군
   병지원자훈련소에 재소할 당시의 창동
   행군 광경.(일제강점하강제동원피해진상규명
   위원회 소장)

5. **마을 단위의 징병자 입소 환송식**: 김정
   섭의 징병 당시, 마을 단위의 지원병 입
   소 환송식 전경 사진.(1940년 12월 12일,
   일제강점하강제동원피해진상규명위원회 소장)

5

그들은
왜 거기 있는가

● 김
　남
　일

일본에 대해서 무엇을 더 말할 수 있을까. 이제 누가 무슨 말을 한다 해도 이미 말해진 것들의 동어반복일 가능성이 많으리라. 그래도 우리는 오늘도 다시 일본에 대해 말한다. 아니, 말해야 한다. 왜냐하면 일본에 대한 발언은 비단 일본에 대한 발언을 넘어서, 늘 그러했듯 우리 자신에 대한 발언이기도 한 때문이다. 싫든 좋든 우리는 일본을 통해 우리를 돌이켜보는 숙명을 피할 수 없다. 그런 숙명의 한복판에 일본에 사는 '또 다른 우리'가 있다.

난감함은 그들을 어떻게 부를지 하는 문제부터 시작된다.

'재일동포'인가, '재일교포'인가, '재일조선인'인가, '재일한국인'인가, '재일코리안'인가, 아니면 이도저도 아닌 그냥 '재일(자이니치)'인가? '한국계 일본인Korean-Japanese'인가?

국적까지 따지면 문제는 더 복잡해진다.

현재 그들의 국적은 네 가지. 대한민국과 조선민주주의인민공화국 국적을 지닌 사람들, 귀화해 일본 국적을 취득한 사람들, 그리고 무국적자인 이른바 '조선적朝鮮籍'이 따로 있다. (조선적은 흔히 북한 국적을 갖고 있는 총련 동포들과 오인된다. 그러나 그들은 적극적으로 대한민국 국적이나 조선민주주의인민공화

국 국적을 취득하지 않은 채 원래의 호적을 그대로 지닌 사람들을 말한다.)[1]

이 정도라면 벌써 설레설레 고개를 저으리라. 솔직히 말하자. 대부분의 한국인(남한인)들은 그들에 대해 그다지 관심이 많지 않다. 따라서 그들을 어떻게 불러야 하는지 크게 괘념하지 않는다. 물론 '재일동포'라는 호칭이 가장 보편적일 터. 하지만 그렇게 부르는 순간, 비행기로 한 시간만 날아가면 만나게 되는 수십만 명의 '핏줄'은 복잡한 심사를 피할 수 없을 것이다. 그건 단순한 호칭 문제를 넘어서서 과거와 현재, 그리고 미래까지 관통하는 엄연한 역사의 문제이기 때문이다.

이 점을 유념하지만, 여기서는 지극히 편의상의 용어로 '재일동포'를 택하기로 한다.

재일동포의 역사는 당연히 일제의 조선 침략에서 비롯한다. 일제는 일찍부터 한반도를 수탈의 기지로 조직해 나갔다. 토지조사사업을 비롯하여 갖가지 식민지 정책이 궁극적으로는 민중의 생활 기반을 철저히 무시하고 파괴하는 결과를 낳았다. 남부여대하여 혹은 혈혈단신으로 유랑의 길을 떠나는 이민자들이 급속도로 늘어난 것도 당연한 일. 일본에도 수많은 조선인들이 건너가게 되었는데, 이들은 일본사회의 가장 밑바닥 층을 형성했다. 그들이 초기 이민자들이라고 할 수 있다. 그들은 온갖 궂은일도 마다하지 않았지만 돌아오는 것은 목숨을 겨우 연명할 식량과 비인간적 모멸뿐이었다. 1923년 일본을 강타한 관동대지진은 그들이 어떤 조건에서 살아갔는지를 극명하게 보여준다. 끔찍한 지진으로 사회가 뒤숭숭해지자 일제는 "조선인이 우물에 독약을 집어넣었다", "조선인이 방화를 하고 폭동을 일으켰다" 하는 식의 유언비어를 고의적으로 유포시켰다. 그 결과 수천여 조선인이 조직적으로 살해되었다.

일제는 식민 지배 말기 강제동원을 본격화한다. 1931년 만주침략을 단행한 후 1937년 중국에 대해 전면전을 개시했고, 1941년에는 진주만을 기습함으로써 태평양전쟁을 일으켰다. 전선의 확대는 전쟁에 필요한 인력과 물자의 부족을 초래했다. 이에 따라 일제는 식민지 조선에서 온갖 수단과 방법을 동원해 전쟁 물자를 조달했고, 나아가 조선인을 전쟁의 일선과 후방에 동원하는 책동을 주저하지 않았다.

일제의 조선인 노동자 강제동원은 세 단계로 진행되었다.

제1기는 1939년 9월부터 1942년 2월까지로, 이른바 '모집'의 방식을 사용한 시기다.

일본의 회사들이 자기네가 필요로 하는 수만 큼의 조선인 노동자를 조선총독부의 협조 아래 모집해 가는 방식이었다. 이때는 특히 남쪽 지방이 주요한 모집 대상지로 선정되었다.

제2기는 1944년 8월까지로 조선총독부의 외곽 단체인 조선노무협회가 노동자를 모집해 가던 이른바 '알선'의 시기다. 이때는 모집 지역이 함경도와 평안도를 제외한 전국으로 확대되었고, 모집 대상도 어린아이부터 노인까지 나이를 가리지 않을 만큼 광범했다.

제3기는 그 이후 8·15 해방 때까지로서, 이때는 조선인에게도 이른바 국민징용령이 적용되어 공공연하게 그리고 무차별적으로 강제동원이 자행되었다.

중요한 것은 '모집'이든 '알선'이든 '징용'이든 조선총독부나 그 하부 조직이 동원 과정에 깊숙이 개입하고 있다는 사실이다. 이것이 조선인 노동자에 대한 야만적 노예노동을 가능하게 한 결정적 배경이었다.

1944년 5월 어느 날, 황해도 곡산의 열입곱 살 소년 이홍섭은 아버지와 함께 밭에서 콩순을 솎고 있는데 느닷없이 면사무소 직원들이 들이닥쳤다. 그들은 아버지에게 노란 봉투를 하나 건네주었다. 그것이 어린 자신의 운명을 송두리째 바꿔놓으리라고, 어린 홍섭은 전혀 생각지도 못했다. 그로부터 사흘 뒤 홍섭은 꿈에서도 본 적이 없는 거대한 배에 옮겨져, "마치 도살장으로 끌려가는 돼지처럼" 현해탄을 건넜다.[2]

1943년 11월 5일 전남 담양 지방에서 벌어진 징용에 대해서, 일본인 책임자(야마구치현 노무보국회 동원부장) 요시다 세이지는 이렇게 증언한다.

야마다가 한 사람을 찾아내서 길 쪽으로 끌고 왔다. 흰 조선옷을 입은 마흔 살 가량의 남자였다. 그는 천 조각으로 코피를 닦고 있었는데, 겁에 질려 얼굴이 경련을 일으키고 있었다. 야마다는 구둣발로 그 남자의 궁둥이를 차서 내 앞에 세운 다음에 목검으로 그의 어깨를 눌러 길바닥에 앉혔다. 야마다는 "목공조합의 반장"이라면서 "태도가 건방졌습니다"라고 말하고는 다음 사람을 잡으러 뛰어갔다.[3]

문유열의 목소리에는 물기가 축축하다.

"생각 좀 해보세요. 나는 말씀이죠, 신혼 생활 초기의 아내와 다섯 명의 형제를 전라남도 영암군 덕진면에 두고 원하지도 않는 아까사까 탄광에 강제연행된 것이

이렇게 끌려간 조선인 노동자
는 적게는 120만 명에서 많게는
200만 명 이상으로 추산되고 있
다. 그들은 하나같이 속울음을 삼
키며 현해탄을 건너야 했다. 검은
바다 저 멀리 어딘가에 벌써 그리
워진 고향이 있고, 벌써 그리워진
아버지와 어머니, 아내와 동생들
이 있을 터였지만, 아무도 그 속을
드러낼 수 없었다.

죠. 가족과 나를 생이별시키다니, 이 세상
에 이런 참혹한 일이 또 있겠어요?"
그는 몹시 추운 겨울날 한밤중에 집으로
들이닥친 순사와 모집계 오륙 명의 손에
끌려갔다. 동생들과 아내가 미친 듯 울부
짖었지만 소용없었다.[4]

염찬순은 경남 거창에서 강제연행되었
다. 그가 부산에 도착하자마자 한 장의 전
보가 전해졌다. 거기에는 "부친 사망 즉
시 귀가"라고 적혀 있었다. 그는 그 전보
를 보여주며 애원했다. 그러자 노무는 이
렇게 호통을 쳤다.
"네놈은 무슨 철없는 소리를 하고 있어?
아버지가 죽었다고 장례하러 가겠다니,
무슨 소리냐? 산업전사로서 지금부터 싸
움터로 가는 것이니까 못 간다고 답전을
쳐라!"[5]

이렇게 끌려간 조선인 노동자는 적게는
120만 명에서 많게는 200만 명 이상으로 추산
되고 있다. 그들은 하나같이 속울음을 삼키며
현해탄을 건너야 했다. 검은 바다 저 멀리 어
딘가에 벌써 그리워진 고향이 있고, 벌써 그리
워진 아버지와 어머니, 아내와 동생들이 있을

터였지만, 아무도 그 속을 드러낼 수 없었다.

그들을 기다리는 곳은 땅속으로 수십 길을 내려가는 막장이었고, 불볕을 피할 그늘 한 점 없는 활주로 공사장이었고, 자칫 발을 헛딛기라도 하면 고기밥 신세가 되고 마는 부두의 노역장이었고, 수백 미터 절벽을 무거운 돌을 지고 아슬아슬하게 오르내려야 하는 수력발전소 공사장이었다.

강제연행당한 황학성은 아까사까 광산에서 60명의 조선인 광부를 책임지고 있었다. 어느 날 그의 눈앞에서 한 동료 광부가 픽 하고 쓰러졌다. 달려가서 맥을 짚어보았더니 아주 희미하게 맥이 뛰고 있을 뿐이었다. 통풍도 전혀 안 되는 지하 갱에서 유독가스를 마셔가며 일하다 보니 생겨난 탈수 증상이었다. 이것저것 따질 겨를이 없었다. 황은 동료를 시켜 독물에 가까운 갱내수라도 받아오게 했다. 그것을 입에 흘려 넣자, 이윽고 환자의 의식이 돌아왔다.

그랬더니 차차 의식을 회복하여 눈을 뜨고 주위를 돌아다보는 것입니다. 힘없이 "아아, 여기는 갱 안입니까?" 이렇게 말해요. 수족을 문질러 주니까 한 손을 짚고 비틀거리며 일어서려고 하다가는 또 쓰

그들은 죽는 것이 차라리 나을 만큼 비참한 환경에서 강제노동에 시달렸다. 그러다가 기어이 죽거나, 온몸이 만신창이가 된 채 가까스로 탈출하거나, 악착같이 버티고 버텨 1945년 8월 15일 일본 천황의 이른바 옥음방송을 듣고서야 그 악몽 같은 현실에서 벗어날 수 있었다.

러지는 것입니다. "도모다 대장님" 이렇게 말하고는 나의 손을 쥐고 어깨를 흔들며 우는 겁니다. 도모다는 나의 일본식 이름이에요. "나를 죽여 주시오. 대장, 부탁이오. 이제 이런 고통은 지겹습니다. 죽는 것이 더 낫겠어요. 단숨에 때려 죽여 주세요."[6]

사실이었다. 그들은 죽는 것이 차라리 나을 만큼 비참한 환경에서 강제노동에 시달렸다. 그러다가 기어이 죽거나, 온몸이 만신창이가 된 채 가까스로 탈출하거나, 악착같이 버티고 버텨 1945년 8월 15일 일본 천황의 이른바 옥음방송玉音放送을 듣고서야 그 악몽 같은 현실에서 벗어날 수 있었다.

탄광 벽에는 그들이 손톱으로 새긴 글이 남아 있었다. "어머니 보고 싶어요!"

도대체 얼마나 많은 조선인 노동자들이 그리운 어머니를 보지 못하고 죽어갔을까.

*일본 홋카이도에서 강제동원되어 죽은 조선인 노동자의 수는 그곳을 지나는 철도에 깔린 굉목보다 더 많다고 전해진다.

*1945년 8월 6일과 9일, 히로시마와 나가사키에 원폭이 떨어졌을 때 조선인은 약 7만 명이었는데, 그중 4만 명이 죽었다.

*탄광의 노무자로 연행되어 사망한 사람이 약 6만 4,000명, 군인과 군속으로 사망했거나 행방불명이 된 사람이 약 15만 명, 일본군 강제 위안부로 연행되어 사망한 사람이 약 20만 명으로 추산된다.

어쨌든 해방이 되었다. 그렇지만 일본에 있던 이민자들에게는 그리운 고국으로 돌아가는 일조차 쉽지 않았다. 정치적·사회적 혼란과 귀환자의 재산 지참 제한, 귀국 교통편 미흡 등 여러 가지 사정으로 인해 약 60만 명의 동포들이 귀국을 포기했다. (일본은 귀환자들이 지니고 갈 수 있는 돈을 1,000엔으로 제한했는데, 이는 고작 담배 스무 갑을 살 수 있는 금액에 불과했다.)

불가피하게 일본 땅에 남게 된 동포들에게는 새로운 시련이 찾아왔다. 해방과 동시에 찾아온 조국의 분단, 좌우대립과 마침내 터지고 만 전쟁은 바다 건너 재일동포 사회에도 큰 영향을 미쳤다. 1952년 이승만 대통령이 이른바 평화선을 선언하자, 일본인들의 반감은 높아만 갔다. 한일관계가 최악의 상황으로 치닫는가 하면, 일본 내 동포들에 대한 탄압도 공공연히 이루어졌다. 그런 가운데 북한은 재일 동포에 대한 차별을 금지하라는 이른바 남일 선언을 발표하는데, 이를 기회로 1955년 5월 도쿄에서 '재일본조선인총연합회' 즉 조총련 이 결성되기에 이른다. 조총련은 '재일본조선 거류민단' 즉 민단과는 처음부터 대립적인 입 장을 취했다. 두 단체의 대립은 분단 조국의 현실을 그대로 반영했다. 이제 낯선 땅에서 함 께 고생하던 동포들마저 이념에 따라 북 혹은 남을 선택해야 하는 기로에 섰다.

대립은 북한이 이른바 북송사업을 시도 하면서 극명하게 드러났다. 조총련은 북한이 공산주의 낙원이라면서 동포들의 귀환을 적극 독려한 반면, 민단은 그것이 거짓 선전에 지나 지 않는다며 동포들의 북송을 적극 저지했다. 그런 가운데 마침내 1959년 10월 14일 북한으 로 귀국을 희망하는 3,000여 명의 동포들이 만 경봉(萬景峰)호를 타고 일본 니가타항(新潟 港)을 떠났다. 그 후 1960년 4만 9,036명, 1961년 2만 2, 001명, 1962년 3,497명, 1963 년 2,567명 등 총 10만여 명의 동포가 북한으 로 귀국하였다.

재일동포 사회의 분열 못지않게 일본 정 부의 차별 정책 또한 큰 시련으로 작용했다.

그 가장 대표적인 사례가 '외국인등록

법'이었다. 일본인은 오직 범죄자의 경우에만 지문을 찍는 데 반해 재일동포는 외국인 등록 시 무조건 지문을 찍어야 했다. 이는 자신들의 필요에 따라 강제로 끌고 왔던 재일동포를 범 죄자, 기껏해야 용도 폐기된 폐품처럼 간주한 다는 뜻이었다. 이 밖에도 재일동포들은 공영 주택 입주 문제, 아동수당이나 연금 등 복지 문제, 취직 제한 문제 등 수많은 차별과 맞서 싸우며 살아갈 수밖에 없었다.

일본에서 현재 '신수고'라고 불리는 재 일동포 3세 인권운동가 신숙옥의 이야기가 최 근 한국에 소개되었다. 그녀는 남과 다르다는 걸 굉장히 뻐길 만큼 '철없는 아이'였다. 어느 날 그녀는 숙제로 내 준 《안네의 일기》를 들고 있는 선생님을 보았다.

"선생님, 감상문 좀 보여 주세요."

어떤 반응이 돌아왔을까.

"넌 더러우니까 만지지 마!"

그녀가 집으로 돌아가던 길이었다. 동료 들에게 늘 이지메(집단 따돌림)를 당하는 한 일본인 남학생이 다가왔다.

"있잖아, 너 거기에 털 별로 없다면서?"

조금 떨어진 곳에서는 다른 아이들이 실 실거리며 그 남학생을 부추기고 있었다.[7]

역사 교과서나 독도 문제가 불거질 때마

다, 그리고 북한 미사일 문제가 터질 때마다 일본인들의 그런 '이지메'는 더욱 심해진다. 하물며 북한이 핵실험까지 했으니!

우리는 일본의 그런 태도를 비판한다. 과거에서 아무것도 배우지 못했다고! 그러나 가만히 한번 생각해 보자. 과연 우리가 그런 일본을 마냥 손가락질만 할 수 있는지……. 우리가 일본을 비판하려면, 무엇보다 먼저 우리 자신을 냉철하게 되돌이켜 봐야 한다. 그동안 우리가 그들에게 무엇을 해주었는지. 아니, 무엇을 해주고 말고에 앞서, 그들을 어떻게 부를 것인지, 그들은 왜 거기에 있는지 한 번이나마 제대로 고민을 해보았는지 말이다.

김남일

1957년 경기도 수원에서 태어나 한국외국어대 네덜란드어과를 졸업했다. 1983년 《우리 세대의 문학》에 단편 '배리'를 발표하며 작품활동을 시작했다. 민족문학작가회의 사무국장, 계간 《실천문학》의 주간으로 일했으며, 2006년 현재 '베트남을 이해하려는 젊은 작가들의 모임회원으로 활동하고 있다.

장편소설 《국경》, 《청년일기》, 소설집 《일과 밥과 자유》, 《천하무적》, 《세상의 어떤 아침》, 어린이와 청소년을 위한 작품으로 《골목이여 안녕》, 《떠돌이 꽃의 여행》, 《모래도시의 비밀》, 《통일 할아버지 문익환》, 산문집 《책》 등이 있다.

주

1) 한홍구, 〈민단 환영식도 불참한 이승만〉, 《한겨레21》, 2006년 6월 3일자.

2) 이홍섭, 《아버지가 건넌 바다》, 도서출판 광주, 1990.

3) 요시다 세이지, 《나는 조선 사람을 이렇게 잡아갔다: 나의 전쟁범죄 고백》, 현대사연구실 옮김, 청계연구소, 1989, 37쪽.

4) 하야시 에이다이, 《일제의 조선인노동 강제수탈사》, 신정식 옮김, 비봉출판사, 1982, 121쪽.

5) 앞의 책, 147쪽.

6) 앞의 책, 166쪽.

7) 한승동, 〈차별 지옥에 사는 '자이니치' 피울음〉, 《한겨레》, 2006년 10월 10일자.

일본의 전쟁 책임

4

사할린 잔류 한국인 · 조선인
한국인 · 조선인 BC급 전범
일본군 위안부
우토로 문제

사할린 잔류 한국인·조선인

제2차 세계대전 중, 일제는 1938년 국가총동원정책이라는 명목으로 경상도를 중심으로 한 한반도 남쪽의 한국인을 사할린(일본명 가라후토: 樺太)에 강제연행해 탄광이나 군수공장 등에서 강제노동을 시켰다. 당시 사할린을 차지하고 있던 일본이 조선인 노동력을 이용해 사할린의 풍부한 석탄과 목재를 군수물자로 활용하기 위해서였다. 일본은 1905년 러일전쟁에서 승리한 뒤 포츠머스조약에 따라 러시아로부터 사할린 남부지역을 할양 받았다.

일본이 패전했을 당시 사할린 잔류 조선인은 4만 3,000여 명에 이르렀다. 1946년 11월 27일, 사할린 억류자에 관한 '미소(美蘇) 잠정협정'이 체결되었으나 귀환 대상이 일본인으로만 한정되었고, 한국인은 귀환 대상에서 제외되었다. 이후 일소(日蘇) 양국 간 귀환 관련 협의가 있었으나 그때마다 일본으로 귀국 대상이 된 것은 일본인 여성과 결혼한 한국인만이었다. 1952년 발효된 샌프란시스코강화조약으로 사할린 한인의 일본 국적이 상실되었다는 구실로 사할린 한인들의 귀국은 더 어려워졌다.

일본은 1949~59년 3단계에 걸쳐 자국민의 귀환을 추진해 사할린 잔류 희망자를 제외한 대다수 일본인들을 귀환시켰다. 1960년 북한이 사할린 한인들에 대해 북한 국적 취득을 적극 권유하면서 상당수의 한인들이 북으로 이주했다. 1985년 페레스트로이카와 1988년 서울올림픽을 계기로 한국과 옛 소련의 교류가 진척되면서 적십자사를 통한 사할린 한인들의 모국 방문과 영주 귀국의 길이 1989년과 1992년에 열리기 시작했다.

일제에 의해 강제로 징용되었거나 해방 전 사할린에서 태어나 고국행을 기다리는 '사할린 1세대'는 고령화로 그 수가 급속하게 줄어들고 있다.

1. **옥편과 사진** : 강제징용된 조선인이 사할린에서 생활할 때 간직하고 있던 물건들.(재일한인역사자료관 소장)

2. **사할린의 탄광 강제동원** : 안칠봉(安田七奉)의 징용 증빙사진으로, 1945년 사할린 도요하타(豊畑)탄광 일본학교에서 공부하던 조선인 학생 단체사진. 이들은 모두 사할린 도요하타탄광 및 일본 이바라키현(茨城縣) 소재 야마이치(山一)탄광으로 이중 동원된 조선인 노무자들의 가족이다.(1945년, 일제강점하강제동원피해진상규명위원회 소장)

3. **사할린에서 살았던 안명복의 가족 사진.**(재일한인역사자료관 소장)

1

2

3

1

3

2

1. **아버지의 유해** : 40여 년 만에 사할린의 공동묘지에서 아버지의 유해를 발굴한 아들. 아버지의 유해를 든 아들 문진호가 한국으로 가기 위해 공항에 나왔다.(1995년, 사진 안해룡)

2. **영정과 사망증명서** : 영정과 그 위에 놓인 사망증명서. 발굴된 유해를 한국으로 모시기 위해서는 사망증명서는 물론 가족관계를 증명하는 제반 서류 등을 제출해야 하는 복잡한 행정절차를 거쳐야 했다.(1995년, 사진 안해룡)

3. **옥편과 식기, 손지갑** : 사할린에서 생활할 때 조선인이 사용하던 물건들.(재일한인역사자료관 소장)

4. **남화태주 풍원시 조선인민초급중학교** : 사할린에 만들어진 조선인 학교의 제1학년 갑조의 기념촬영 사진. 전쟁이 끝나고 해방이 되자 조선인 자녀들은 조선인 학교에서 우리말과 글을 배웠다. 화태(樺太), 즉 가라후토는 사할린의 일본식 명칭이다(남화태는 남사할린).(1947년 4월 10일, 재일한인역사자료관 소장)

5. **사할린 조선인학교 교사** : 유시욱(柳畊太郎)이 사할린 오치아이(落合町) 나이부치(內淵)탄광에 화부(火夫)로 동원되었다가 귀환하지 못하고 사할린에 남아, 포로나이(포로나이스크) 조선인학교 교사로 재직할 당시의 사진. 태극기와, 그 옆으로 '위대한 레닌은 말하였다: 배호고, 배호고, 또 배호재' 라는 글씨가 보인다.(일제강점하강제동원피해진상규명위원회 소장)

4

5

1

2

1. **부녀 재회** : 헤어진 지 45년 만에 일본에서 재회하고 있는 아버지와 딸(1987년, 사진 배소)

2. **가족 재회** : 사할린에서 이별한 뒤 42년 만에 만난 가족들. 당시 두 살이었던 엄철영의 아들은 47세의 장년이 되었다.(1987년, 사진 배소)

3-4. **재회의 순간을 기다리는 할머니** : 애타게 재회의 순간만을 기다려왔던 할머니.(1987년 5월, 사진 배소)

5. **형제 재회** : 45년 만에 재회한 형제. 부모의 영정을 들고 온 동생은 형을 대신해서 집안을 책임져야 했다.(1987년, 사진 배소)

3

4

5

한국인·조선인 BC급 전범

BC급 전범은 A급 전범(전쟁 계획과 수행에 공동모의를 한 자들인 전쟁 주모자급)과 마찬가지로 극동국제군사재판소 조례 제5조 B항과 C항에 분류된 전쟁범죄자를 말한다. 제5조 B항에는 통례의 전쟁범죄, 즉 전쟁법규 또는 전쟁관례의 위반이라고 간단히 규정되어 있다. C항에는 "인도에 대한 죄, 즉 전쟁 전 또는 전쟁 중에 행해진 살육, 섬멸, 노예적 학대, 추방 등의 비인도적 행위, 또는 정치적 혹은 인종적 이유에 기인한 박해 행위로서, 범행지 국내법 위반 여부를 불문하고 본 재판소 관할에 속하는 범죄의 수행 또는 이에 관여하여 행한 것"이라고 규정되어 있다.

일본 패전과 함께 일본 군인을 대상으로 연합국에 의한 전범 체포와 재판이 이루어졌다. BC급 전범으로 체포되고 재판을 받은 사람은 주로 포로 관리를 둘러싼 불법행위를 한 사람들이었다. B급은 포로 관리의 지휘 또는 감독을 맡았던 장교나 부대장, C급은 직접 포로 관리 업무를 맡았던 하사관, 병사, 군속 등이 대부분이었다. 이러한 BC급 전범 중에는 일본의 전쟁 책임을 대신한 식민지 조선인들이 포함되어 있었다.

전쟁이 끝난 뒤, 포로감시원들은 군부대의 말단 지위에서 포로 수송이나 수용소 순찰 등의 말단의 임무를 하던 자신들이 전범으로 체포되리라고는 거의 예상하지 못했다. 하지만 포로들과 직접 얼굴을 마주 대해 생활해야 했던 포로감시원은 전쟁이 끝나자 일차적으로 원한과 보복의 대상이 되었다. 포로들의 증언만으로 포로감시원들은 간단히 체포, 구금, 처형되기에 이르렀다. 군속이 되어 현지로 갔던 조선인 포로감시원도 충분한 심리가 행해지지 않은 채, 각지에서 이루어진 재판에서 148명이 유죄 판결을 받았다. 그 가운데 23명이 사형에 처해졌고, 125명은 징역형을 선고 받아 현지 형무소에 수감되었다. 같은 타이완인 포로감시원도 173명이 유죄 판결을 받았고, 그 가운데 26명이 사형을 당했다.

일본에 강제징용되어 군속으로 연합군 포로 감시 등의 임무를 수행했다는 이유로, 일본 패전 후 연합군에 BC급 전범자로 판정 받은 한국인·조선인들은 도쿄 스가모(巢鴨) 형무소 출소 뒤인 1955년 동진회(同進會)를 조직했다. 이후 동진회는 BC급 한국인·조선인 전범자에 대한 보상 요구를 일본 정부에 꾸준히 요구해 왔다.

동진회의 한국인·조선인 BC급 전범자 7명은, 자신들이 일본을 대신해 전쟁의 책임을 떠안아 재판을 받고 형벌을 받은 것에 대해 일본의 국가 보상과 사죄를 요구하는 재판을 1991년 11월 12일 도쿄지방법원에 제기했다. 하지만 1996년 9월의 도쿄지방법원 판결, 1998년 7월의 항소심 판결, 1999년 12월의 상고심 판결에서 모두 '청구기각'이 되어 패소했다. 일본 최고재판소는 '반(半)강제적으로 포로감시원에 응모 당해 극심한 손해를 입은 심정은 이해하지만, 전쟁 수행 주체인 국가의 보상은 청구할 수 없다'는 판결을 내렸다.

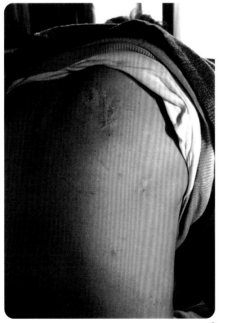

1

1. **집회** : 1991년 동진회 집회 때 모인 BC급 전범과 가족들. 재일한국인·조선인 BC급 전범과 사형자의 유가족 70명은 상호부조와 생활권 확보를 위해 동진회를 1955년 4월에 결성했다.(사진 배소)

2. **장례식** : BC급 전범이었던 이영길의 장례식 모습. 이영길은 1991년 5월 쇼크로 사망할 때까지 정신이상 상태였다.(1991년, 사진 배소)

3. **재판** : 재일한국인·조선인 BC급 전범들이 제기한 재판. 1991년 11월 12일 도쿄지방법원에 일본 정부를 상대로 국가배상과 사죄를 요구하는 재판을 제기했다.(1991년 11월, 사진 배소)

2

3

일본군 위안부

일본군 '위안부'란 일제 식민지 시기에 일본군 '위안소'로 연행되어 일제에 의해 조직적으로, 강제로, 반복적으로 성폭행당한 여성들을 일컫는다. 한국에서는 오랫동안 이들을 정신대라고 불러왔다.

정신대(挺身隊)란 이름 그대로 국가를 위해 몸을 바친 부대란 의미이다. 식민지 조선에선 1940년대 남녀 각 조직에 정신대라는 이름이 붙여지기 시작하였다. 정신대라는 용어가 법으로 제정, 일반화된 것은 1944년 여자정신근로령이 제정되면서부터였다.

여자정신근로령에 의해 조직된 여자근로정신대는 원래 남성노동력이 부족해지자 여성까지 군수공장에 나가 일하게 한 노동대이다. 그러므로 원칙적으로는 [여자근로정신대]와 [일본군 위안부] 제도는 다른 것이다.

그런데 일제 당시에나 현재까지도 한국에서는 정신대를 곧 '위안부'라고 인식해 왔다. 당시 여성이 일제에게 끌려간 다는 것은 곧 순결을 잃는 것이라는 인식을 가진 이가 많았기 때문이다. 실제로 여자근로정신대로 간 여성 중에 일본군위안부가 되기도 하였다. 그래서 군 '위안부'가 된 여성들을 가리켜 정신대라고 부르기도 하였다.

일본군은 이 여성들을 그밖에도 '작부(酌婦)', '창기', '추업부' 등으로 불렀다. 그러나 본질적인 면을 드러내는 용어는 아니다. 이런 용어들은 이 제도를 만든 일본군의 일방적인 인식을 보여줄 뿐 피해자 측의 시각은 전혀 들어가지 않았기 때문이다.

최근 국제 활동을 통해 붙여진 '일본군에 의한 [성노예(sexual slavery)]'라는 용어가 그 본질을 가장 잘 드러내는 용어이다. 그럼에도 불구하고 아직 [일본군 '위안부']는 당시 쓰이던 역사적 용어로서 사용하고 있다.

　　　　　　　　　　　　　　　　　　　－이상 '한국정신대연구소' 홈페이지의 '군위안부 바로 알기' 중 '위안부 용어'에서 인용

일본군 위안부는 1944년 8월 23일 '여자정신근로령'이 조선에 시행되면서 합법적인 정책으로 수행되었다. 여자정신령은 일제가 한국인 부녀자들을 징발하기 위해 제정 · 공포된 법령이다.

중국의 전선은 물론 동남아의 전선으로 보내진 일본군 위안부의 조선인 수는 20만 명에 이르는 것으로 추산된다. '조센삐'로 불렸던 조선 출신 일본군 위안부들은 하루 평균 일본군 30~40명을 상대해야 했다. 1991년 12월 6일 한국(남한)의 김학순 할머니 등 일본군 위안부 출신 할머니 3명이 일본 정부를 상대로 재판을 청구했다. 일본에 살고 있던 '재일' 송신도 할머니도 1993년 4월 일본 정부에 재판을 청구했다. 송신도 할머니는 10년에 걸친 재판에서 패소했지만 "나의 마음은 지지 않았다"라는 말을 남겼다.

1

1. **남북의 할머니 :** 북한의 김영실 할머니 (중앙)와 남한의 김학순 할머니가 만나는 장면. 두 할머니는 중국 동북부의 같은 위안소에서 일본군 위안부 생활을 했다. 김학순 할머니는 해방 46주년을 앞둔 1991년 8월 14일 정신대문제대책협의회 사무실을 찾아가 자신이 일본군 위안부였다는 사실을 남한에서 최초로 증언해, 일본군 위안부의 실상을 실명으로 밝혔다. 김학순 할머니는 1997년 12월 16일 작고했다.(1992년, 사진 배소)

2. **행진 :** 1991년 12월 6일 일본 정부를 상대로 보상을 요구하는 재판을 제기한 남한의 김학순 할머니 등 3명의 일본군 위안부 출신 할머니들과 군인·군속의 유가족 32명. 식민지 조선의 젊은 여성들은 전선에서의 현지 주민들에 대한 군인들의 강간 방지와 성병 예방을 위해 강제동원되었다.(1992년, 사진 배소)

2

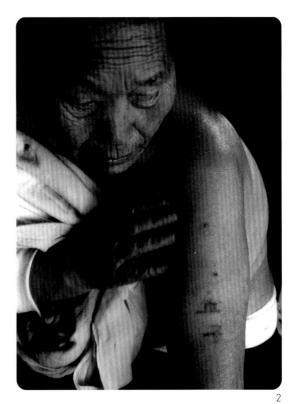

1

2

3

1. **송신도 할머니** : 위안부 생활을 강요당한 송신도 할머니. 1922년 충남 유성에서 태어난 송신도 할머니는 16세 때인 1938년 중국 무창의 일본군 전용 위안소인 '세계관'에서 7년 동안 일본군 위안부 생활을 강요당했다. 송신도 할머니는 일본 정부를 상대로 10년 동안 벌인 위안부 재판에서 패소했지만, 그 이후에도 일본 정부의 사과를 요구하며 계속 투쟁을 벌이고 있다.(1994년, 사진 배소)

2. **송신도 할머니의 문신** : 일본군이 송신도 할머니의 팔에 강제로 새겨 넣은 문신. 송신도 할머니는 일본군의 총검에 찔리고 구타를 당해 오른쪽 귀가 머는 등의 후유증을 앓고 있다.(1993년, 사진 배소)

3. **송신도 할머니의 투쟁** : 한국의 위안부 피해자들과 함께 일본 정부에 사죄와 피해보상을 요구하는 활동을 정열적으로 전개하는 송신도 할머니.(1994년, 사진 배소)

4. **송신도 할머니의 재판 청구** : 1993년 4월 도쿄지방법원에 일본 정부의 사죄를 요구하는 재판을 청구한 재일 위안부 출신의 송신도 할머니.(1993년, 사진 배소)

5. **송신도 할머니의 재판** : 송신도 할머니의 재판에 대해 취재하고 있는 일본의 여러 미디어. 1999년 10월 도쿄지방법원은 송신도 할머니가 위안부 생활을 강요받은 것에 대해서는 인정을 했으나 '개인이 국가에 손해배상 등을 요구하는 국제관습법은 당시에는 존재하지 않았으며 20년의 민법상의 청구권도 이미 소멸되었다'며 송신도 할머니가 1993년 낸 원고청구를 기각했다. 2000년 11월 도쿄고등법원은 '위안소 설치는 당시의 국제법 위반'이라고 판결했으나, '국제법상 개인이 가해국을 상대로 직접 배상을 청구할 권리는 없으며, 재일한국인의 배상청구권은 한일청구권 협정 체결 후 20년이 지난 1985년에 이미 소멸했다'며 원고의 항소를 기각했다. 송신도 할머니는 2003년 3월 일본 최고재판소의 기각 판결(불수리 결정)로 10년 동안 벌인 재판에서 최종 패소했다.(1993년, 사진 배소)

4

5

우토로 문제

우토로 마을. 일본 교토부(京都府) 우지시(宇治市) 이세다초(伊勢田町) 우토로 51번지에 위치해 있는 조선인 강제동원 피해자 마을이다. 이곳에 마을이 생겨난 때는 1941년 제2차 세계대전 중 군비행장 건설을 위해 일본국제항공공업이란 군수회사에 강제동원된 조선인 노동자가 가건물 숙소를 만들어 생활하면서부터. 1941년 일본 교토의 우토로 마을 활주로 공사를 위해 조선에서 강제동원되었던 조선인 노동자들 중 해방이 된 뒤에도 조선으로 돌아가지 못한 사람들은 건설현장 가까이에서 조선인 마을을 이루고 일본에서 삶을 계속했다.

1987년 일본국제항공공업의 후신인 닛산차체주식회사(1971년 설립, 닛산자동차계열 회사)가 우토로 주민들 몰래 땅을 부동산회사인 서일본식산에 팔아넘기면서 '우토로 문제'가 생기게 되었다. 1989년 서일본식산은 주민들을 상대로 '집을 비우고 우토로 마을에서 나가라' 라는 '건물수거토지명도' 소송을 제기해 1998년 승소했다.

주민들은 우토로에 살게 된 역사적 배경과 우토로 마을을 조선인 거주지역으로 개척한 사실을 들며 시효 취득을 인정할 것과, 일본이 비준한 사회권 규약(경제적·사회적 및 문화적 권리에 관한 국제조약, 일명 A규약)을 들어 국제조약이 규정하는 거주권을 일본 정부가 인정할 것을 주장했다. 그러나 1998년 고법에 이어 2000년 최고재판소(우리나라의 대법원에 해당)에서 주민들의 항소가 기각되면서, 우토로 마을의 조선인 주민들은 강제퇴거의 위기를 맞게 되었다. 최고재판소 재판에서 우토로 문제는 단지 사법상의 소유권 분쟁으로만 다루어졌다. 2004년 1월에는 우토로 토지 등기부에서 소유자가 서일본식산에서 한 개인으로 변경되었다.

강제로 동원되어 노동력을 제공하고, 그 후에 아무런 보상도 없이 차별과 억압 속에서 살아오던 우토로의 조선인들은 자신의 삶의 터전을 지키기 위해, 자신의 역사를 지키기 위해 지금도 우토로 마을 지키기 싸움을 계속하고 있다. 우토로의 조선인 주민들은 자신들의 삶이 강제연행의 역사를 현재에도 증명하는 현장이라고 말한다.

우토로 문제는 일본의 식민지 지배와 침략전쟁, 전쟁 수행을 위한 조선인의 강제동원, 그리고 전후에도 보상하지 않고 있는 역사적 맥락 속에서 발생했다고 할 수 있다.

1-2. 강제퇴거 위기의 우토로 마을 : 마지막 남은 '강제징용 조선인촌'인 우토로 마을. 퇴거 위기를 맞아 마을 입구에 강제퇴거에 대한 항의 표시를 하고 있다. 우토로 마을 주민들은 토지 소유주가 동의하지 않는다는 이유로 1988년까지 수돗물조차 나오지 않아 우물물로 식수를 해결해야 하는 등 열악한 환경에서 생활해야 했다.(1994년, 안해룡 사진)

1

2

1

2

1. **장구와 북의 행진** : 한복을 입고 장구와 북을 치며 '우토로 문제' 알리기 행진에 나서고 있는 우토로 마을의 조선인 주민들. 조선인 주민들은 조선의 역사와 글을 잊지 않기 위해 1945년 9월, 마을 한가운데 조선인학교를 짓기도 했는데, 이 학교는 일본 정부에 의해 1949년 12월에 폐쇄되었다.(1995년, 안해룡 사진)

2. **거리 행진** : 우토로 문제를 알리기 위한 거리 행진. 주민들의 노력으로 우토로 문제가 알려지면서 1989년에는 '우토로를 지키는 모임'이 결성되었고, 2005년에는 '역사 청산! 거주권 보장! 우토로국제대책회의'가 발족되는 등 우토로를 살리기 위한 여러 모임과 단체가 만들어졌다.(1995년, 안해룡 사진)

3. **대물림** : 반세기를 넘은 우토로에서의 삶. 강제연행의 역사는 1세를 넘어 2, 3세로 계속되고 있다. 우토로 마을에는 폐품을 회수하는 일이나 공사판 일과 같은 단순노무직에 종사하는 빈곤한 세대가 많다.(1994년, 안해룡 사진)

해방, 귀국,
그리고 재일조선인연맹

5

해방과 귀국

1

2

1. **8·15해방 기념 퍼레이드** : 시내를 행진하는 사람들과 태극기의 물결. 트럭에는 조선자유독립만세의 글씨가 보인다.(1945년, 재일한인역사자료관 소장)

2. **8·15해방 기념 퍼레이드** : 시내의 중심 도로를 행진하는 사람들. 사람들이 탄 트럭에는 조선의 전승만세, 세계평화 등의 플래카드가 보인다.(1945년, 재일한인역사자료관 소장)

3. **해방 축하 대회장으로 향하는 사람들** : 뒤로 후쿠이시(福井市) 청사가 보인다. 지프차 뒤로는 축하인민대회의 플래카드와 태극기가 보인다.(1945년, 재일한인역사자료관 소장)

4. **대회장의 내빈석** : (사진 가운데) 미군이 꽃다발을 받아들고 있다.(1945년, 재일한인역사자료관 소장)

3

4

1

2

1. **조선인 정치범 석방 환영 :** 트럭에 탄 조선인이 도쿄 교외의 형무소에서 석방된 조선인 정치범들을 환영하는 모습.(1945년, 미국국립문서보관소 소장)

2. **시가행진 :** 재일조선인연맹의 시가행진 모습.(1945년, 미국국립문서보관소 소장)

3. **집회와 사상의 자유 :** 길게는 15년간 일제에 의해 정치범이 되었던 공산당 당원이 해방을 맞아 맥아더 사령관의 지령에 의해 집회와 사상의 자유를 얻은 것을 축하하고 있는 모습.(1945년, 〈퍼시픽 스타즈 & 스트라이프스〉)

4. **춤추는 아이들 :** 해방을 맞아 도쿄의 조련아동학원연합학예대회에서 춤을 추는 어린이들.(1945년, 〈해방〉)

5. **어린이 합창단 :** 해방을 맞아 도쿄의 조련아동학원연합학예대회에서 합창을 하고 있는 어린이합창단.(1945년, 〈해방〉)

6. **학예대회 :** 8·15해방을 맞아 도쿄의 조련아동학원연합학예대회에 운집한 학부형들.(1945년, 〈해방〉)

1

2

3

1. **귀국길의 아이들** : 해방을 맞아, 짐들을 메고 귀국길에 오른 아이들.(1945년, 뉴질랜드 국립알렉산더 템플도서관 소장)

2. **귀국선** : 해방을 맞아 귀국선으로 향하는 사람들이 손을 흔들고 있는 모습.(1945년, 뉴질랜드 국립알렉산더 템플도서관 소장)

3. **예방 접종** : 귀국하는 재일동포들이 예방 접종을 받고 있는 모습.(1945년, 뉴질랜드 국립알렉산더 템플도서관 소장)

1

2

3

4

1. **자치대원들 :** 귀국 동포 하카타(博多) 부두구호회 사무소 앞에서 기념촬영을 하는 자치대원들.(1945년 11월, 재일한인역사자료관 소장)

2. **해방 1주년 축하 모임 :** 조국 해방 1주년을 축하하기 위해 모인 민단 가나가와현(神奈川縣) 가와사키(川崎)지부의 단원들.(1946년 8월 15일, 재일한인역사자료관 소장)

3. **귀국하는 동포들 :** 귀국하는 재일동포들이 짐을 싸들고 있다.(1945년, 〈해방〉)

4. **귀국선 승선 :** 재일동포들이 귀국하기 위해 승선하는 모습.(1945년, 〈해방〉)

5. **귀국 동포의 위로 :** 만주에서 귀국하는 동포들을 서울의 학생들이 위로하고 있는 모습.(1945년, 〈해방〉)

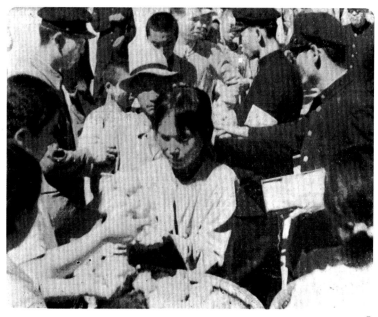

5

사진집 〈해방〉으로 보는 해방 1주년

이 장에 실린 사진들은 〈해방: 조선완전자주독립 1주년기념사진첩〉에 수록된 사진을 선별한 것들이다. 〈해방〉은 해방 1주년이 되는 1946년 8월에 민중신문사(朝鮮民衆新聞社)와 대중신문사(大衆新聞社)가 편찬한 사진집으로, 재일조선인들의 독립운동 열기를 전하면서, 해방 직후 조선반도와 일본에서 해방을 환영하는 조선 민중들의 모습과 조선이 독립하는 면면을 생생하게 담아내고있다. 여기에 실린 각 사진의 사진설명은 〈해방〉의 설명을 따랐다. −편집자

1

해방전사解放戰士 출옥 환영(해방 후 출옥한 전사들)

1. 왼쪽부터 김천해(金天海), 박은철(朴恩哲), 유종환(劉宗煥), 김병소(金秉韶), 원용덕(元容德).

2. 형무소 앞에 모인 군중들.

3. 출영(出迎)한 인민 대중.

4. 형무소 철문 밖의 출옥한 전사들.

2

1

3

4

1. 위부터 재일본조선인연맹(在日本朝鮮人聯盟)의 위원장 윤근(尹槿), 부위원장 김정홍(金正洪), 부위원장 김민화(金民化).

2. 재일본조선인연맹(在日本朝鮮人聯盟) 중앙총본부 상임 일동.

2

재일본조선인연맹 중앙위원

재일본조선인연맹중앙위원 : 1946년 8월 3일 도쿄에서 열린 제7회 중앙위원회.

1

재일조선인연맹과 민족학교 건설

재일본조선인연맹 연혁

1945년 8월 15일 폿담선언 수락으로 말미암아 제국주의 일본은 패전되고, 그 이행에 있어서 우리의 조선은 자유와 독립의 영광이 약속되었다. 이로 인하여, 일본에 산재하던 우리 동포 간에서는 생명과 재산을 보호하며 권리를 신장하려는 자연 발생적, 자주적 단체가 각처에 족생(簇生)하게 되었다.

즉 8월 18일 도쿄도(東京都) 스기마미구(杉並區)에 재류조선인대책위원회, 8월 22일 도쿄도 시부야구(澁谷區)에서는 재일본조선인귀국지도위원회가 조직되었는바 8월 22일에 양단체는 합류(合流)하여 재일본조선인회로서 발족하게 되었다. 또 일방(一方)에서는 재일본조선인대책위원회, 재일본조선인거류민맹이 도쿄를 중심으로 탄생하였는데, 이 단체와 전술(前述) 재일본조선인회는 그 취지와 목표가 동일하다는 견지에서 합류를 결정하였다. 이것이 재일본조선인연맹의 모체다. 그 후 동일한 목적과 동일한 방법으로 운동을 전개하기 위해 대동단결하여, 강력한 중앙집권적 대중단체를 조직하자는 대중적 열망으로, 관동지방조선인회, 재일본건국촉진동맹, 재일본조선인거류민단, 재일본교토조선인거류민(在日本京都朝鮮人居留民), 단재일본메구로구조선인연맹(團在日本目黑朝鮮人聯盟), 사이타마현조선인협의회(埼玉縣朝鮮人協議會), 도쿄와세다유지회(東京早稻田有支會) 등 7개 단체가 합류하여 9월 10일 O木假사무소에서 중앙준비확대위원회를 개최하여, 재일본조선인연맹 중앙준비위원회를 구성하였다. 그 후 각 지방 조직을 완료하여 10월 15, 16일 양일간에 O하여 전국 결성대회를 가지게 되었다. 이리하여 본 연맹은 전 일본 재류 동포의 생명과 재산을 보호하며 모든 권리를 주장할 만한, 유일한 기관을 엄연히 OOOO며 이 깃발 아래 재일본 240만 대중은 3,000만 민중의 총의에 의하여 독립될 중앙정권을 지지하고 건국에 최선을 다하기로 약속하였다.

以上

在日本朝鮮人聯盟沿革

一九四五年八月十五日「폿담」宣言受諾으로말미아마帝國主義日本은敗戰되고、그履行에있어서우리의朝鮮은自由와獨立의榮光이約束되었다。이로因하야、日本에散在하든우리同胞間에서는生命財産을保護하며 權利를伸長하려는自然發生的自主的團體가各處에簇生하게되었다。

卽八月十八日東京都杉並區에在留朝鮮人對策委員會가組織되었든바八月二十二日에兩團體는合流하야在日本朝鮮人會로서發足하게되었고。또一方에서는在日本朝鮮人會는在留朝鮮人會로서發足하게되었다。八月二十二日東京都澁谷區에서는在日本朝鮮人歸國指導委員會가組織되었는데이兩團體와前述在日本朝鮮人會는그趣旨와目標가同一하다는見地에서合流를決定하였다。이것이在日本朝鮮人聯盟의母體이다。其後同一한目的과同一한方法으로運動을展開하기爲大同團結하야、強力한中央集權的의大衆團體를組織하자는大衆의熱望으로、關東地方朝鮮人會、在日本建國促進同盟、在日本朝鮮人居留民團、在日本京都朝鮮人居留民、團在日本目黑朝鮮人聯盟、埼玉縣朝鮮人協議會、東京早稻田有志會等七個團體가合流하야九月十日代々木假事務所에서中央準備擴大委員會를開催하야、在日本朝鮮人聯盟中央準備委員會를構成하였다。其後各地方組織을完了하야十月十五・六兩日間에互하야全國結成大會를가지게되었다。이리하야本聯盟은全日本在留同胞의生命財産을保護하며모ーE權利를主張할만한、唯一한機關을嚴然히나타내으며이旗빨아래在日本二百四十萬大衆은三千萬民衆의總意에依하야樹立될中央政權을支持하고建國에最善을다하기로約束되었다。

以上

* OOO는 해독이 어려운 부분.

선 언

인류 역사상 유례 없는 이차 세계대전도 폿담 선언으로 종결되고 우리 조선도 마침내 자유와 독립의 영광이 약속되었다.

우리는 총력을 다하여 신조선 건설에 노력할 것이며 관계 각 당국과의 긴밀한 연결하에 우리의 당면한 일본 국민과의 우의 보전, 재류 동포의 생활 안정, 귀국 동포의 편의를 기도하려 한다.

우(右) 선언함

강 령

一. 우리는 신조선 건설에 헌신적 노력을 기함

一. 우리는 세계 평화의 항구(恒久) 유지를 기함

一. 우리는 재류 동포의 생활 안정을 기함

一. 우리는 귀국 동포의 편의와 질서를 기함

一. 우리는 일본 국민과의 호양(互讓) 우의를 기함

一. 우리는 목적 달성을 위하여 대동단결을 기함

재일본조선인연맹

민중신문사

1. 편집실.

2. 사원 전체사진.

3. 출판물 각종.

1

2

3

건설 전사 양성

2

1

1. 해방 조선의 새 일꾼을 배양하는 삼일정치
   학원(三一政治學院) 제1기 졸업생 기념
   사진

2. 장차 우리 어린이의 옳은 선생을 양성하
   는 재일조련학원(再日朝聯學院) 제1기
   졸업생 기념사진

3. 도쿄 시나가와조련학원(品川朝聯學院).

4. 효고현 아마가사키조련제일학원(尼崎朝
   聯第一學院).

5. 도쿄 후카가와조련학원(深川朝聯學院).

3

4

5

미래의 건설 전사 교육

1

2

3

1. 조련 이바라키현(茨城縣) 본부 시모다테아동
   학원(下館兒童學院) 생도.

2. 조련 효고현 본부 아마가사키아동학원 생도.

3. 조련중앙총본부 문화부 초등교재 편집실.

4. 조련 이바라키아동학원 생도.

4

민중영화사

1

2

1-2. 민중영화사의 직원들.

조선학생동맹

3

1

2

1. 조선학생동맹 건물.

2. 조선학생동맹 관계자들.

3. 조련 청년 육상경기대회(오사카).

4. 조련 청년 웅변대회(도쿄).

5. 조련 자치대 결성식.

6. 조련 자치대 사열식(도쿄).

7-8. 제1회 전일본조선인체육대회 장면과 깃발.

4

5

6

7

8

1

2

3

4

1. 조련중앙총본부의 건물.

2. 조련중앙총본부의 직원 일동.

3. 조련도쿄본부의 직원 일동.

4. 조련중앙총본부의 의무실.

1

2

1. 오사카조련본부 건물.

2. 오사카조련본부 직원 일동.

3. 효고현조련본부 건물.

4-6. 효고현조련본부 직원 일동.

3

4

5

6

해방 직후 일본에서 발행된 잡지와 신문들

1

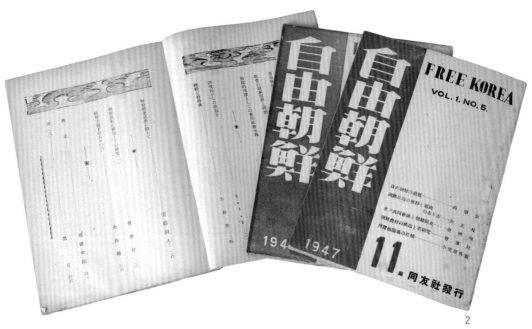

2

3

1. 〈민주조선〉 : 〈민주조선〉 창간호. 〈민주조선〉은 1945년 10월 평안남도 인민위원회 직속기관지인 〈평양일보〉로 출발해 해방 이듬해인 1946년 6월 북조선임시인민위원회 기관지인 〈민주조선〉으로 창간되었다. 그 후 1948년 9월부터 북한의 최고인민회의 상임위원회와 행정적 집행기관인 내각의 기관지로 발행되고 있다.(재일한인역사자료관 소장)

2. 〈자유조선〉 : 1947년 동우사(同友社)에서 발행한 〈자유조선〉.(재일한인역사자료관 소장)

3. 〈민단신문〉과 〈인민문화〉 : 일본에 근거지를 둔 재일본조선거류민단이 발행하는 기관지인 〈민단신문〉. 일본어로 간행된다.(재일한인역사자료관 소장)

4. 〈우리신문〉 : 해방 1주년을 기념해 1946년 8월 15일에 창간된 〈우리신문〉.(재일한인역사자료관 소장)

4

민족단체의 결성

해방 후 일본에 남아 있던 재일조선인들은 귀국 사업의 지원, 생활권의 수호, 교육문화 사업 등 당면한 여러 문제들을 해결하기 위해 각지에서 민족단체를 결성했다. '재일본조선인연맹(조련: 鮮聯)'은 당시 일본 전국을 포괄하는 최대 단체였다. 좌파가 주도권을 장악한 것에 반발한 세력이 '재일본조선인거류민단(민단: 民團)'을 만들었다. 대한민국과 조선민주주의인민공화국이 성립한 뒤에 민단은 대한민국을, 조련은 조선민주주의인민공화국을 지지하게 되었다. 한편 해방 이후에는 신문, 잡지 등의 출판 활동이 왕성하게 전개되었다. 문학인들은 동인지 발간을 비롯해 다채로운 문화 활동을 전개했다.

1

2

3

1. **조련 간부들 :** 조련대회 후의 기념촬영. 해방 후 재일조선인의 귀국 문제와 권익 옹호를 목적으로 결성된 범대중적 조직 인 '재일본조선인연맹(조련)'이 1945년 10월 결성된 조련은 첫 모임에서 최고 고문으로 추대된 김천해가 일본 공산당 원이었기 때문에 좌경화된다.(1945년 12월 25일, 재일한인역사자료관 소장)

2. **건동 간부들 :** 민단의 전신인 '신조선건 설동맹(건동)' 결성 직후(1946년 1월 야 마가타현에서)의 사진. 박열(朴烈)은 일제 강점기 천황 암살을 모의한 혐의로 사형 을 선고 받았다. 그는 1945년 10월 27 일, 22년의 옥중 생활을 마치고 아키다 (秋田) 형무소를 출옥했다. 박열이 출옥하 기 12일 전인 10월 15일 범민족조직인 '재일본조선인연맹(조련)'이 결성되었다. 조련은 박열의 출옥을 환영했지만, 좌파 에 의해 장악된 지도부에 박열이 들어설 공간은 없었다. 박열은 조련과 대적했던 우파 진영의 환영을 받았다. 조련에 대항 하면서 민주주의를 표방했던 '조선건국 촉진청년동맹(건청)'이 1945년 11월 15일 결성되었다. 조련에서 탈퇴한 그룹과 무 정부주의자 등에 의해 '신조선건설동맹 (건동)'이 1946년 1월 20일 결성되면서 박열은 위원장에 취임했다. 이후 이 두 조직이 합류, 1946년 10월 3일 '재일본 조선인거류민단(민단)'이 결성되고, 초대 단장으로 박열이 취임했다.(재일한인역사자 료관 소장)

3. **민단 결성 1주년 기념 정기전체대회 :** 민단 결성 1주년을 기념해 1947년 오사 카(大阪)에서 열린 제3회 정기전체대회 광경.(1947년, KIN 제공)

1

2

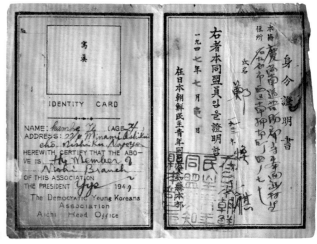

1. **해방 1주년 축하 모임** : 해방 1주년을 축하하기 위해 모인 민단 가나가와현(神奈川縣) 가와사키(川崎)지부 단원들.(1946년 8월 15일, KIN 제공)

2. **오사카 조련 대원들** : 해방 1주년 기념일에 조련 오사카본부 욱중대서부소대원.(재일한인역사자료관 소장)

3. **조련 오사카 본부** : 조련 오사카 본부의 1946년 9월 29일 제1회 정기대회 선출 상임 취임 기념 장면.(재일한인역사자료관 소장)

4. **재일본조선민주청년동맹 결성대회** : 재일본조선민주청년동맹 야마가타현(山形縣) 본부 결성대회의 모습.(재일한인역사자료관 소장)

5. **맹원 신분증명서** : 재일본조선민주청년동맹 아이치현(愛知縣) 본부가 발행한 맹원 신분증명서. 본적과 일본 현 주소가 적혀 있다. (1947년 7월, 재일한인역사자료관 소장)

有田東部國際民主青年協議會結成準備會 1947.12.25

1

1. **국제민주청년협의회 결성 준비회** : 와카야마 조련 국제민주청년협의회 결성 준비회.(1947년 12월 25일, 재일한인역사자료관 소장)

2. **조련 활동가들** : 조련 미야자키현(宮崎縣)의 활동가들. 1949년 6월 조련의 조직상황은 중앙본부 산하에 8개 지방협의회, 48개 본부, 624개 지부, 2,000여 개의 분회로 구성되어 있었으며, 맹원은 36만 5,792명에 이르렀다고 한다. 일본 법무성 통계에 따르면 1950년 3월 당시 맹원이 53만 5,000여 명으로 집계된 것으로 볼 때, 조련은 광범위한 조직임을 알 수 있다.(재일한인역사자료관 소장)

2

민족학교의 건설

일본에 남은 많은 조선인들에게는 일본에서 태어나 황국신민화 교육을 받고, 강요된 일본어만을 배운 아이들에게 우리말을 가르쳐야 할 필요성이 있었다. 해방 직후 일본 전국 600여 곳에서 국어강습소가 만들어졌다. 약 6만 명의 아이들이 국어강습소에서 우리말을 익혔다. 조선인들은 교사도, 교실도 제대로 준비되지 못한 상태에서 "지식이 있는 사람은 지식으로, 힘이 있는 사람은 힘으로, 돈이 있는 사람은 돈으로"라는 슬로건을 가지고 학교를 건설하기 시작했다. 빼앗긴 언어의 습득을 위해 시작한 것이 민족교육의 시작이다.

이렇게 설립된 조선학교에 대해서 일본 정부는 '공산주의의 온상'이라는 이유로 조선인의 자주 교육을 부정했다. 하지만 조선인은 민족교육을 지키기 위해 이에 반발했다. 재일동포가 많이 살고 있던 오사카(大阪)와 고베(神戸)에서는 '한신(阪神)교육투쟁'을 격렬하게 전개하면서 저항했다. 하지만 조선학교는 폐교되었고, 자녀들은 일본 학교를 다녀야 했다.

1

2

1. **오사카조선중학교** : 오사카조선
중학교(大阪朝鮮中學校) 학생들.
여학생들이 교복을 입고 있다.
1948년 1월, 미군정하에 있던 일
본 문부성은 조선인학교에 대한
폐교령을 발표한다. 4월 24일 재
일조선인들이 가장 많이 살고 있
던 오사카와 고베 일대에서는 이
에 대한 항의시위를 벌이게 되는
데, 이 시위를 '4·24한신(阪神)
교육투쟁' 이라고 한다.(재일한인역
사자료관 소장)

2-3. **조련학원** : 지바현(千葉縣)에
설립된 조련학원.(재일한인역사자
료관 소장)

3

재일동포, 그 외롭고 쓸쓸한 한국인

● 정 호 승

가와사키川崎에서 태어나 여기저기서 자라고
아침에는 낫토納豆, 저녁에는 김치
나는 누구일까요
아버지는 고지식한 일본 사람
어머니는 고집쟁이 한국 여자
두 사람을 합쳐서 둘로 갈라놓은
나는 누구일까요
불랙뮤직에 미치고 가스펠 멋지게 부르지만
노래방에 가면 가요도 부르는
나는 누구일까요
쌀쌀하게 못 본 척하다가
당신이 없으면 못살겠다고
순진한 눈으로 사랑을 속삭이는
나는 누구일까요
너무 생각을 많이 해서 뭐가 뭔지 몰라요
폭발할 것 같아요 그래도 할 수 없어요
나는 나예요
나는 사와 도모에

이 노랫말은 사와 도모에澤知惠의 '나는 누구일까요?' 라는 제목의 노랫말이다. 사와 도모에는 이 노랫말에서 알 수 있듯이 어머니의 나라 한국을 노래하는 뮤지션이다. 더군다나 그녀의 외할아버지는 한국 최고의 지일知日 작가 김소운金素雲 선생이다.

나는 그녀가 부르는 이 노래를 한국에서 들었다. 그때는 한국 정부가 일본 대중문화를 개방하지 않고 있어서 일본 국적을 지닌 가수가 한국에서 공연할 수 없을 때였다. 그래서 그녀는 궁여지책으로 서울에 있는 일본문화원 강당에서 공연을 했는데, 나는 객석의 한 모퉁이에 앉아 이 노래를 들으며 가슴이 뭉클했다.

피아노를 치면서 한국말로 '나는 누구일까요?' 하고 객석을 쳐다볼 때, 사와 도모에가 마치 내 팔을 붙들고 그렇게 간절히 물어보는 것 같았다. 그때 나는 마음속으로 당신은 일본인이기도 하지만 한국인임에는 틀림없다고 말했다. '당신은 어머니의 나라를 그 누구보다도 사랑하는 사람이므로 다른 거 다 필요 없이 그것만으로 당신은 이미 한국인입니다' 하고 말했다.

나의 이 생각에는 아직 변함이 없다. 아니 변함이 있을 리 없다. 그녀의 몸속에는 한국인의 피가 흐르므로. 아마 그녀는 자신의 정체성에 대해 몹시 심한 혼란을 겪으면서 성장했을 것이다. 성인이 된 이후에도 그녀는 재일한국인이자 일본인으로서 자신의 양분된 존재성에 대해 특별한 혼돈의 감정을 느껴졌으리라.

이 점은 2004년 봄 30대 중반의 나이로 홀연히 세상을 떠난 여류작가 사기사와 메구무鷺澤萠 또한 마찬가지였으리라. 일본에서 최고 권위 있는 문학상인 아쿠타가와 상芥川賞 후보에 오르기도 하고, 제20회 이즈미 교카泉鏡花 문학상을 수상하기도 한 사기사와 메구무는 자신의 할머니가 한국인임을 숨기지 않았다. 1993년에는 연세대 한국어학당에 입학해 한국어를 배우기도 하고, 서울 체험을 담은 에세이집《개나리도 꽃, 사쿠라도 꽃》,《그대는 이 나라를 사랑하는가》등을 펴내기도 했다.

너무 좋아서 어쩔 줄 몰라 하다가 하룻밤 같이 자고 나면 시들해지고 마는 사내가 있다. 반대로 대수롭지 않게 여기거나 혹은 슬슬 피하기까지 하다가 엉겁결에 몸을 허락하고 나니 별안간 마음마저 빼앗기고 마는 사내가 있다. 나에게는 한국이 두 번째 사내와 비슷하다.

인용한 이 글은 사기사와 메구무가 쓴 글이다. 그녀는 할머니의 나라 한국을 사랑하는 마음이 이렇게 적나라하게 표현해 아직도 내 마음에 감동의 파문을 일으킨다.

이런 점은 작가 유미리柳美里 또한 마찬가

지다. 그녀는 요코하마에서 재일한국인 2세로 태어나 실어증, 아지메, 자살 기도, 고교 자퇴 등의 아픈 성장기를 보냈으면서도 스물네 살 때인 1993년 희곡《물고기의 제사》로 기시다 구니오岸田國士 상을 수상하고, 1997년에는 소설《가족 시네마》로 아쿠타가와 상을 받았다.

그녀는 "나는 일본인도 한국인도 아니다"라고 했으나, 어머니와 외할아버지가 태어나고 자란 한국 땅 밀양을 찾아 '미리美里'라는 이름의 유래와 자신의 핏줄을 확인했으며, 2002년 3월에는 마라토너 손기정 선수와 라이벌이었던 외할아버지의 운명을 좇아 '동아국제마라톤 대회'에 참가, 자신의 존재성을 스스로에게 각인시키기도 했다.

나의 핏줄이 한반도에서 현해탄을 건너 일본으로 이어지는 기나긴 도정에 있다는 것만은 확실하게 새길 수 있었다. 그리고 올림픽 역사에 일본인으로 기록된 단 한 명의 한국인 금메달리스트 손기정 선생을 통해 나는 단순히 조국 상실자가 아니라 전후 반세기가 지나도록 여전히 숙제로 남아 있는 한일 역사와도 이어져 있다는 것을 알게 되었다.

유미리는 손기정 선생을 만난 뒤 자신의 에세이《세상의 균열과 혼의 공백》의 〈나의 핏줄〉에서 위와 같은 글을 남겼다. 나는 유미리의 글을 읽으면서 유미리 또한 자신의 정체성에 대해 댓잎뱀장어가 심해에서 겪는 것과 같은 극심한 고통의 과정을 거쳤다는 사실을 잘 알 수 있었다.

나는 이 글에서 재일동포들의 내면적 고통을 먼저 들여다보았다. 그들은 교포僑胞가 아니라 동포同胞다. 스스로 자발적으로 자기가 원해서 조국을 떠난 이들을 '교포'라고 부른다면, 타의에 의해 강압적으로 조국을 떠난 이들은 '동포'라고 불러야 마땅하다. 우리는 재일동포를 재일교포라고 부르기도 하는데 이는 잘못된 표현이다. 우리가 재미교포를 재미동포라고 부르지 않듯이 재일동포를 재일교포라고 불러서는 아니 된다. 그것은 조국을 언제 어떻게 왜 어떤 형편에서 떠나게 되었느냐에 따라 달리 생각되기 때문이다. 재일동포들은 대부분 재미교포들처럼 자발적으로 스스로 떠나간 사람들이 아니다. 그들은 대부분 나라가 힘을 잃어버린 일제강점기 시대에 징병 또는 징용에 의해 강제적으로 고향 땅을 떠나 일본으로 끌려간 사람들이다.

그들은 교포가 아니라 동포다. 스스로 자발적으로 자기가 원해서 조국을 떠난 이들을 '교포'라고 부른다면, 타의에 의해 강압적으로 조국을 떠난 이들은 '동포'라고 불러야 마땅하다. 우리는 재일동포를 재일교포라고 부르기도 하는데 이는 잘못된 표현이다. 우리가 재미교포를 재미동포라고 부르지 않듯이 재일동포를 재일교포라고 불러서는 아니 된다.

이름 문제만 비교해 봐도 재미교포와 재일동포와는 큰 차이가 있다. 재미교포들은 미국에서 '데이비드 김' 등의 미국식 이름을 갖는다. 그리고 그 이름을 한국에 와서 사용해도 우리는 크게 저항감을 느끼지 않는다. 그러나 재일동포들의 경우는 그렇지 않다. 그들이 한국에 와서 '기무라 아무개'라고 자기를 소개하면 우리는 대뜸 '저 자식이?' 하고 아주 못마땅한 표정을 짓거나 대놓고 싫은 기색을 나타낸다. 그것은 왜일까. 그것은 우리의 의식 속에 재일동포는 지금 이 시대에 우리와 함께 공동운명체로 살고 있다는 동포 의식이 엄연히 살아 있기 때문이다.

재일동포들은 지금은 그렇지 않지만 예전에는 한국 이름만으로는 살 수 없었다. 한국 이름을 일본식 발음으로 부를 수도 없을뿐더러 은행 융자도 얻을 수 없었다. 그래서 한국의 고유 이름은 호적상 남겨두고 일본에서 살기 위해 도리 없이 지은, 일본에서 통용되는 이름, 즉 통명通名을 지어 사용하던 서러운 시절도 있었다.

나는 박정희 대통령이 통치하던 유신 시절, 왜 재일동포들이 남한에 와서 민주화운동을 하거나 간첩의 누명을 뒤집어쓰고 오랜 세월 동안 감옥에 갇혀 지내야 하는지 잘 이해하지 못했다. 물론 그것은 그들이 우리와 똑같이 공동운명체를 지닌 동포라는 인식을 제대로 하지 못한 탓이다.

이제 시대는 변했다. 재일동포들에 대한 우리의 의식이나 일본의 의식도 많은 변화를 가져왔다. 다만 변하지 않은 게 있다면 정치적 성향에 따라 갈라진 조총련과 민단의 문제다.

나는 2006년 봄, 일본 일본 혼슈本州 군마현群馬縣 마에바시前橋市에서 '일·한의 서정을 찾아서'라는 주제로 열린 심포지엄에 참석한 적이 있었다. 그 자리에서 한국 현대시인들의 시와 일본 현대시의 개척자인 하기와라 사쿠타로萩原朔太郎 시인의 시가 낭송되었는데, 나는 한국 시인의 한 사람으로서 자작시를 비롯 김소월, 한용운, 정지용 등의 시를 낭송하는 기회를 가질 수 있었다.

그런데 오전 행사가 끝나자 자신을 한국 사람이라고 소개하면서 한 중년 여성이 내게 찾아와 팸플릿 몇 개와 소책자 한 권을 주고 갔다. 앞으로 많이 도와달라는 말을 하면서.

나는 그게 무엇인지 궁금해 잠깐 짬을 내어 살펴보았다. 팸플릿은 2005년에 한국에서 활발하게 활동하는 현역 시인들을 초대해 마에바시에서 시 낭송회를 개최한 것이었으며, 소책자는 재일동포 어린이들의 한글 교육 등

을 위해 만든 교재였다. 그런데 꼼꼼히 들여다보니 '소조小組' 등 남한에서는 사용하지 않는 낱말이 있어, 그 책자가 조총련계 책자라는 것을 즉각 알아차릴 수 있었다.

나는 그 책자를 손에 들고 갑자기 난감해졌다. 그녀가 내게 무엇을 도와달라고 한 것일까. 그리고 내가 도와줄 수 있는 게 무엇이란 말인가. 나는 그저 난감할 뿐이었다.

그런데 그날 행사가 끝나고 열린 간단한 뒤풀이 자리에서 마침 일흔이 넘어 뵈는 동포 어른 한 분과 재일동포들의 생활상에 대한 이야기를 나누게 되었다.

그는 이런저런 이야기를 하다가 뜬금없이 수박 이야기를 꺼냈다.

"겉을 보면 퍼런 다 똑같은 수박이지만, 칼로 속을 딱 따개 보면 속이 벌겋다 아이가!"

그는 경상도 사투리로 그렇게 말했다.

나는 얼른 그 말을 알아차리지 못하고 다소 시간이 지나서야 그 말이 무슨 말인지 알아차릴 수 있었다. 그 말은 민단계 재일동포가 조총련계 재일동포를 못마땅하게 생각하는 힐난의 뜻이 내포된 말이었다.

재일동포들이 두 그룹으로 나누어져 서로 반목과 갈등 속에 있다는 것을 잘 알고는 있었지만, 그렇게 수박에 비유된 말을 듣게 되

자 재일동포 사회의 갈등구조가 비로소 실감되었다. '수박 안이 벌겋다'는 것은 남한사회에서 공산주의자를 일컫는 말인 '빨갱이'에 대한 은유적 표현이 아닌가. 나는 그 말 한마디로 분단 이후 지금까지 남북한 간의 대립의 양상과 분열의 깊이가 그대로 전해져 분단의 고통이 새삼 뼈저리게 느껴졌다.

그날 이후 나는 수박을 먹을 때마다 '그 수박 이야기'가 떠오른다. 다른 나라에 사는 교포나 동포들을 생각할 때와는 달리 재일동포들을 생각할 때는 마음속 깊은 곳에서부터 시작된 통증이 쉽게 사라지지 않는다. 그것은 우리의 분단의 고통이 그대로 재일동포 사회에서도 현존하고 있다는 사실에서 오는 통증이라고 아니할 수 없다.

지금 우리의 조국은 현대 세계사에서 그 유례를 찾아보기 힘들 정도로 분단 60년이 지난 시간 속에서 살고 있다. 오랜 세월 동안 통일을 위한 온갖 노력이 시도되고는 있지만 통일이 언제 어떻게 이루어질 수 있을지 아무도 모른다. 남북은 서로 겉으로는 '우리 민족끼리' 통일의 기반을 다져보자고 자주와 공조를 내세우지만, 속으로는 분노와 침략의 발톱을 날카롭게 치켜세우고 있는 형편이다.

심지어 북한은 핵실험까지 함으로써 동

"겉을 보면 퍼런 다 똑같은 수박이지만, 칼로 속을 딱 따개 보면 속이 벌겋다 아이가!"

나는 얼른 그 말을 알아차리지 못하고 다소 시간이 지나서야 그 말이 무슨 말인지 알아차릴 수 있었다. 그 말은 민단계 재일동포가 조총련계 재일동포를 못마땅하게 생각하는 힐난의 뜻이 내포된 말이었다.

북아에 새로운 긴장의 먹구름을 드리우고 있다. 따라서 재일동포들의 민족적 입지 또한 예전과 다른 양상을 띨 가능성이 커졌다. 일본 내에서 북한의 핵무장에 대한 비난의 목소리가 높아지면 엉뚱하게도 재일동포들에게 그 공격의 화살이 향해질 수도 있는 게 오늘의 현실이다.

조국이 통일되지 못하면 재일동포들 또한 통일되지 못하는 것인가. 조국이 분단되었다 하더라도 재일동포들만은 분단되지 말아야 한다고 생각한다면, 역사와 정치의 본질과 과정을 몰라도 너무 모르는 철부지 같은 생각일까.

그렇지만 나는 재일동포들이 하나 되는 모습을 보고 싶다. 조국이 분단되었다 하더라도 재일동포들만은 분단되지 말아야 한다고 소원해 본다. 지금이라도 한 민족으로 하나 되어 살 수 있는 노력이 시도되어 '또 하나의 분단'이 분쇄될 수 있기를 간절히 기원해본다.

수박이 수박다우려면 겉과 속이 한 몸을 이루어야 한다. 퍼런 껍질만 있고, 붉은 속이 없는 수박은 있을 수 없다. 수분이 많고 당도가 높은, 붉은 속만 있고 겉은 없는 수박 또한 있을 수 없다. 하나의 수박이 완성되기 위해서는 겉과 속이 서로 한 몸이 되고 한마음이 되어야 한다.

수박이 수박다우려면 겉과 속이 한 몸을 이루어야 한다. 퍼런 껍질만 있고, 붉은 속이 없는 수박은 있을 수 없다. 수분이 많고 당도가 높은, 붉은 속만 있고 겉은 없는 수박 또한 있을 수 없다. 하나의 수박이 완성되기 위해서는 겉과 속이 서로 한 몸이 되고 한마음이 되어야 한다.

정호승

1950년 대구에서 태어나 경희대 국문과와 같은 대학원을 졸업했다. 1973년 《대한일보》 신춘문예에 시 〈첨성대〉가, 1982년 《조선일보》 신춘문예에 단편소설 〈위령제〉가 당선되어 문단에 나왔다.

시집 《슬픔이 기쁨에게》, 《서울의 예수》, 《새벽편지》, 《별들은 따뜻하다》, 《사랑하다가 죽어버려라》, 《외로우니까 사람이다》, 《눈물이 나면 기차를 타라》, 《이 짧은 시간 동안》, 시선집 《내가 사랑하는 사람》, 《너를 사랑해서 미안하다》, 장편소설 《서울에는 바다가 없다》, 산문집 《첫눈 오는 날 만나자》, 《정호승의 위안》, 《내 인생에 힘이 되어준 한마디》, 어른들을 위한 동화집 《항아리》, 《연인》, 《비목어》 등이 있다.

민족교육 : 오사카조고

6

1945년 8월 15일 당시 일본에는 조선인 약 200만 명이 이주해서 살고 있었다. 이 조선인들은 일본이 패망하자 해방된 조국으로 돌아가기 위해 잊었던 우리말, 우리글을 공부해야 했다. 해방 직후 재일 1세 동포들은 피와 땀으로 국어강습소를 만들어서 우리말, 우리글을 공부하기 시작했고, 이것이 시간이 지나면서 초급학교, 중학교, 고등학교, 대학교로 이루어진 민족교육의 통일된 체계를 만들게 되었다.

일본사회에서의 억압과 차별을 극복하기 위한 민족교육은 자라는 새 세대에 우리말, 우리글 교육을 기본으로 하는 민족의 아이덴티티를 심어주었다. 해방 직후 1948년까지 오사카를 비롯한 일본 각지에 초등학교 540여 개, 중학교 4개, 청년학교 10개가 건설되었다. 교사 1,100여 명이 5만 8,000여 학생들을 가르쳤다. 그러나 1948년 1월 당시 일본을 통치하고 있던 연합군총사령부(GHQ)는 조선인연맹이 건설한 민족학교를 폐쇄할 것을 통지했다. 이에 대해 조선학교를 지키기 위한 반대운동이 일본 전국에서 일어났다. 재일동포들의 강력한 투쟁에 대해 GHQ는 비상사태선언을 하고 오사카부(大阪府) 청사 앞에 모인 3만여 명의 재일동포 시위대를 무력으로 탄압했다. 이 과정에서 당시 중학생이던 김태일 군이 경찰이 쏜 총에 맞아 숨졌다.

이런 항의에도 불구하고 GHQ와 일본 당국은 '조선인학교폐쇄령'을 하달하고, 조선학교를 폐쇄시켰다. 재일동포들은 이러한 탄압에도 불구하고 자주학교, 공립학교, 민족학급 등의 형태로 민족교육을 중단없이 계속했다. 1951년 재일조선통일민주전선(민전)을 결성한 재일동포들은 오사카, 가나가와(神奈川), 고베(神戸), 아이치(愛知)에 고등학교를 설립했다.

1955년 5월 재일조선인총연합회(총련)가 결성되면서 일본 전국에 산재해 있던 조선학교는 총련의 관장하에 초급학교, 중학교, 고등학교, 대학교로 이어지는 일관된 교육체계를 완성시켰다. 독자적으로 커리큘럼을 개발하는 한편 교과서도 편찬했다. 교육은 전부 우리말로 행해졌다. 교과서도 우리글로 만들어졌다. 커리큘럼은 10년마다 개편되었다.

하지만 조선학교는 일본 문부성이 규정한 정식학교의 인가를 받지 못했다. 일본 교육이 요구하는 커리큘럼에 따르지 않고 독자적인 커리큘럼으로 교육을 했기 때문이다. 조선학교는 각종학교로 인가되었다. 진학을 위해서는 일본 문부성이 정한 별도의 검정시험을 치러야 했다. 조선학교는 각종학교이기 때문에 중앙 정부나 지방 정부의 교육보조금도 받지 못했다. 학생들에게는 전철 정기원에 대한 할인 혜택도 적용되지 않았다. 조선학교는 정식학교가 아니었기 때문에 일본고등학교체육연맹(일고체련)에도 가입할 수 없었다. 이후 1995년 6월 일본축구협회가 전국고교축구선수권대회에 각종학교와 전수학교의 참가를 승인했다. 오사카조선고급학교(大阪朝鮮高級學校: 오사카조고) 축구부는 1999년 인터하이(전국고등학교종합체육대회) 오사카부 축구 대표, 2000년 고교선수권 오사카부 축구 대표로 일본의 전국 축구대회에 참가했다. 오사카조고 축구부는 2006년에는 오사카부 대표로 참가한 제84회 전(全)일본고교축구선수권대회에서 8강에 올라 일본사회를 깜짝 놀라게 하기도 했다. 오사카조고는 권투, 럭비 등의 전국대회에도 참가해 성과를 올렸다.

해방 후 국어강습소로 시작한 민족교육은 이제 60년의 역사를 맞이했다. 민족학교는 이러한 성과를 바탕으로 재일동포, 남북한, 해외동포, 그리고 일본을 비롯한 전 세계인의 지지와 성원을 받고 있다. 민족교육은 2000년 6·15남북공동선언을 계기로 통일 세대를 위한 교육으로의 변화를 요구받고 있다. 분단과 대립의 역사를 넘어서 남북한이 하나 되는 교육, 그리고 일본사회와 함께하는 교육으로의 변화가 시작되고 있다. 여기에서는 민족학교의 대표적 사례의 하나인 오사카조선고급학교(오사카조고)의 발전 과정을 통해 재일 민족학교가 걸어온 모습을 일견해 보고자 한다.

오사카조고는 일본 오사카부 히가시(東)오사카시에 있다. 고급학교는 3년제 중급학교에 이어지는 3년제 중등교육기관으로 보통 만 15~18세의 학생으로 구성된다

(자료 제공 : 중등교육실시60돌기념 재일동포대축전 실행위원회)

1950년대

1

2

3

4

5

6

7

1. 1952년 4월, 이쿠노구(生野區)에 만들어진 오사카조선고급학교 창립 당시의 교사.

2. 1953년의 음악수업 모습.

3. 1955년의 1기생 모습.

4. 1955년 3월 제1기 졸업식.

5. 1957년 8월의 교사 이전 준비.

6. 1958년 새롭게 이전한 교사 모습.

7. 1959년 10월 제3회 체육대회.

8. 1959년, 목조 2층으로 교사 증축.

8

1960년대

1

2

3

4

1. 1960년 6월 1일, 철근 신교사 상량식.

2. 1960년 6월, 총련 한덕수 의장 방문.

3. 1961년 완성된 철근 신교사.

4. 모범학급으로 선정 기념사진.

5. 1961년 제5회 체육대회.

6-7. 등교 모습.

8. 1964년의 기숙사 모습.

9. 1965년 4월의 기념 식수.

10. 1968년, 신교사 이전 준비.

6

5

7

8

9

10

1970년대

1

2

3

4

5

6

7

8

1. 1971년 제14회 체육대회.

2. 1972년 4월, 일본 학교와의 교류회.

3. 1972년 히가시오사카(東大阪)에 건설 중이던 신교사.

4. 1973년 평양공업경공업 축구단 방문.

5. 1973년 신교사 낙성식.

6. 1973년 제16회 체육대회.

7. 1974년 10월 북한의 최고인민회의 대표단 방문.

8. 1976년의 봄소풍.

9. 1978년 제21회 체육대회.

10. 1977년 조국통일촉진대 야유회.

9

10

1980년대

1

3

2

4

5

6

7

8

9

10

11

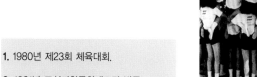

1. 1980년 제23회 체육대회.

2. 1981년 조선과학문화대표단 방문.

3. 중앙예술경연대회 합창.

4. 모범학급 조국 방문.

5. 학교 창립 30주년.

6. 중앙경연대회 민족악기 연주.

7. 1983년 평양학생소년예술단 방문.

8. 1984년 제27회 체육대회.

9. 1985년 제28회 체육대회.

10. 1988년 제31회 체육대회.

11. 1988년 모범학급 조국 방문.

12. 1989년 조국 방문(북한 방문) 임수경
   단식투쟁 지지.

12

1990년대

1

2

3

4

5

6

7

1-2. 1990년 졸업반 조국 방문.

3. 체육대회 소조활동 배구부.

4. 체육대회 소조활동 공수부.

5. 체육대회 소조활동 유도부.

6. 소조활동 민족기악부.

7. 체육대회 소조 행진.

8-10. 학교 창립 40주년 기념 제35회 체육대회.

11. 조국 방문 만경봉호.

12. 조선학생소년예술단 방문.

13. 방송실에서 방송활동 모습.

14. 학생들의 연극활동 모습.

8

9

10

11

12

13

14

1

2

3

4

5

6

7

1-5. 학교 창립 50주년 기념행사.

6. 세계조선어변론대회(2005년 중국 베이징)

7. 2003년도 제38차 재일조선학생 중앙예술 경연대회.

8-9, 12. 조고축전(문화제).

10. 과외활동 교육실천 활동.

11. 과외활동 서명운동.

13. 오사카부 취주악부 콩쿠르.

14. NHK합창 콩쿠르.

8

12

9

13

10

11

14

1

2

1. 조국 방문 당시 백두산 천지에서.

2. 봄소풍.

3-4. 조선고급학교 연합동창회 대야키니쿠 교류(大燒肉交流) 모임.

5. 과외학습.

6. 우리나라 밴드의 공연 장면.

3

4

5

6

1

2

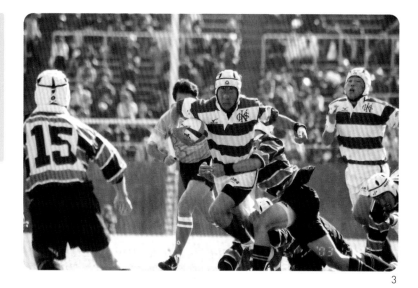

1. 2003년 전국고교럭비대회 오사카부 대표 출전.

2, 6. 2005년도 제84회 전일본고교축구 선수권 8강.

3-4. 2004년 전국고교럭비대회 오사카부 대표.

5. 2003년도 인터하이 복싱 우승.

3

4

5

6

꿈의 필름 : 건국학교

7

일본 오사카에 있는 민족학교인 백두학원(白頭學院) 건국학교(建國學校)는 해방 직후 일본에서 정식으로 인가가 난 첫 민족학교다.

2006년 여름, 옛날 사진과 함께 해방 직후인 1946년에 세워진 건국학교의 초창기 모습을 담은 귀중한 흑백 16밀리 필름 7통, 8밀리 필름 8통이 건국교우회 사무소에서 발견되었다. 16밀리 필름에는 '건국학교 학생의 하루', '학교생활', '제1회 조선육상경기', '해방 2주년 기념행사' 등 촬영 당시의 메모가 남아 있었다. 1946년부터 1957년 사이에 촬영된 것이었다. 필름은 교우회 부회장인 고인봉(건국학교 12기)이 10기 졸업생인 박병소의 유족으로부터 기증 받은 유품을 정리하는 과정에서 나왔다. 필름에는 빼앗겼던 조국의 언어와 역사를 되찾고자 학교 건설에 열정을 쏟았던 재일의 모습이 기록되어 있었다. 고인봉은 일본 각지를 돌며, 필름에 등장하는 건국학교 1, 2기 졸업생들을 찾아 증언을 듣는 등의 취재를 했다.

이 필름은 2006년 건국학교의 창립 60주년을 맞아 〈건국학교〉(감독 고인봉, 2005)라는 30분짜리의 다큐멘터리 영화로 완성되었다. 다큐멘터리 영화에는 옛 필름 속 기록들과 이후 건국학교의 발전상이 함께 담겼다. 영화의 내레이션과 음악 모두 건국학교 졸업생 및 재학생이 맡았다. 〈건국학교〉는 2006년 10월 20일 열린 제2회 재외동포 영화제를 통해 국내에도 소개되었다.

해방 조국의 인재 양성을 위해 재일 청년들로 구성된 백두동지회가 1946년 3월 건국공업학교와 건국고등여학교를 세운 것이 현재의 백두학원 건국학교의 시작이다. 설립 대표자는 조계훈(曺桂訓), 초대 교장은 이경태(李慶泰)다.

학교는 신교육제도에 따라 1947년 4월 건국중학교로 교명을 변경하고, 이후 건국고등학교(1948년 4월), 건국소학교(1949년 4월)를 창립했다. 1951년 3월에는 학교교육법 제1조에 따른 법적 자격을 취득했고, 1997년에는 건국유아원을 설립했다. 1976년 9월 이사회에서 한국계 민족학교로서 교육노선 확립을 의결했다. 1976년 10월 '백두학원 정상화 추진 5개년 계획'에 따라 1차연도 자금이 한국 정부로부터 전달되면서 한국계 학교가 되기 전까지, 건국학교는 태극기도 인공기도 걸지 않은 채 중립 교육, 통일 교육을 실시했다.

건국학교는 현재 일본 오사카시(大阪市) 스미요시구(住吉區) 오리오노(遠里小野)에 소재하고 있다. 교훈은 '강건(剛健), 정상(精詳), 상애(相愛), 근면(勤勉), 자주(自主)'이고, 교육목표는 '자신을 자랑스러워 할 수 있는 사람이 되자, 사회에 도움이 되는 사람이 되자, 세계에 웅비하는 사람이 되자, 창조적인 사람이 되자'다.

건국을 설립한 백두동지회

1

1. 필름의 도입부에는 신사와 비둘기가 등장한다. 이 필름이 어떻게 촬영되었는가는 알 수 없다. 이러한 촬영을 할 수 있었던 것이 기적이다. 필름을 구하는 것도 어려운 상태였고, 당시 일본에서는 16밀리 카메라도 생산하고 있지 않았다. 미군의 카메라를 사용한 것은 아닐까라는 추측을 하고 있다.

2

3

4

5

2–5. 백두학원의 초대 이사장은 조규훈. 그는 방적공장 등을 운영하고 있었다. 그의 회사에서 일하고 있었던 사람들은 모두 재일동포. 그는 전쟁 말기 징용으로 끌려오거나 해방 직후 귀국할 곳을 잃어버린 조선인들에게 일자리를 제공했다.

1

1. 공장 견학을 온 사람들이 신발을 벗어 신발장에 넣고 있다.

2

3

2-4. 레코드공장에서 백두레코드를 제작했다. 오바타 미노루(小畑實)가 노래하고 있다.

4

5

6

5-6. 백두동지회의 모임은 조규훈 이사장 사무소의 2층에서 행해졌다.

7

7. 땅에 묻어두었던 태극기를 꺼내어 흔들고 있다.

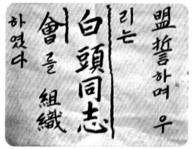

8

8. 일장기 위에 태극을 만들고 사궤를 그려 태극기를 만들었다.

9

9. 백두동지회의 선언문. "조국의 산업과 문화건설을 위하여 재일청년들이 합의하여 선혈을 흘려 굳게 맹서하며 우리는 백두동지회를 조직하였다."

10

11

10-11. 이경태 건국학교 초대 교장 여동생의 남편은 조규훈 이사장의 제재소 책임자였다. 니시노미야(西宮)에 있던 이 교장의 집이 폭격으로 타버려, 이 교장은 동생에게 부탁을 해서 제재소 2층에서 기거하게 되었다. 이 교장은 당시 간사이대학 법학부 출신의 교육자였다. 이때의 만남이 건국학교를 설립하게 되는 시작이었다.

건국중학교의 하루. 1946년

1. 건국중학교의 하루. 양건묵 선생이 촬영한 것.

2-4. 학생들의 아침 등교 모습. 한와센 (阪和線) 스기모토조역(驛).

5-6. 학생들의 교복은 당시 영국인 교사였던 S. 튜크(Tuke)의 제안으로 영국풍으로 만들었다. 당시 교복을 착용한 민족학교는 건국학교뿐이었다.

7-8. 일본인 화학교사 사카테 쿠니오의 영향을 받고, 후에 교사가 된 학생도 있었다. 사진은 현재 교편을 잡고 있는 김영녀 선생이다.

9

10

9-12. 조규훈 이사장은 여학생에 대한 교육에도 각별한 관심을 기울였다. 여학생들의 스포츠 활동은 당시로서는 획기적인 것이었다.

11

12

13

14

13-14. 하키 감독 안길보 선생. 뒤에 첸리대학으로 옮겨 일한사전을 편찬했다.

15

16

15-16. 운동장을 정비하는 학생들. 학교 주변은 밭이었다. 밭에 있는 토마토와 오이를 따다가 먹었다. 당시 도시락을 가지고 올 수 있었던 학생은 반수에 지나지 않았다.

17 18

17-18. 행사 때면 취조악부(브라스밴드)가 선두에 서서 행진을 했다. 여학생은 작은북과 피리를 맡았다.

19 20

19-20. 하교 모습.

21 22

23 24

21-24. 소풍 모습. 양건묵 선생은 신문에 학교를 소개하기 위해 학생들을 데리고 야마토강(大和川)으로 소풍을 갔다.

사회활동에 공헌한 건국중학교

1

2

1-2. 오사카의 나카노시마(中之島) 중앙 공회당에서 1947년 8월 15일에 열린 해방 2주년 기념식. 건물 위에서 전단을 뿌리고, 신문을 배포하는 등 활발한 활동을 전개했다. 여러 민족단체에서도 플래카드를 가지고 참석해 함께 행진을 했다.

3

4

3-4. 인상에 남았던 것은 태극기와 함께 조청의 깃발을 함께 하고 있었다는 것.

활발한 스포츠 활동

1

2

3

4

1-3. 1947년 제1회 해방기념육상경기대회. 건국의 취조악부가 연주를 했다.

4. 건국학교 취조악부의 여학생들은 피리와 작은북을 연주했다.

5

6

5-8. 이해 육상경기의 우승은 건국이
　　했다. 이때는 태극기를 게양했다. 우
　　승 축하식은 학교에서 진행되었다.

7

8

9

10

9-10. 건국중학교가 개최한 제2회 초청
　　육상대회(1947년 10월 28일). 1위는
　　쓰루하시(鶴橋)소학교, 2위는 이쿠노
　　(生野)제5초급학교가 차지했다.

11

12

11-12. 교내 체육제와 제3회 체육제
　　모습.

정력적인 문예활동

1

2

1-2. 건국중학교의 제2회 문예제 무대. 1948년 11월 1일. 장소는 오데마에 회관. 당시는 오락이 많지 않았던 시기였기 때문에 문예제를 관람하기 위해 많은 동포들이 모였다. 학생들은 중학생이라고 생각하지 못할 정도로 박력 있는 공연을 했다.

3

4

3-4. 건설 중인 목조교사. 1979년까지 이 건물에서 학생들이 공부했다.

5

6

5-6. 1958년에 개최된 교내 체육대회.

애도의 물결

1
2

1-2. 박장춘 선생이 학교에서 순직해 학
    교장이 거행되었다. 박 선생의 죽음
    을 애도하는 많은 사람들이 모였다.
    장례행렬은 음악대를 선두로 학교를
    두 바퀴 돌았다.

일본 최대의
코리아타운, 이쿠노

8

조선인의 피와 땀이 서린 히라노강

히라노강(平野川)은 오사카(大阪) 이쿠노구(生野區)의 한가운데를 가로질러 흐른다. 히라노강의 잦은 범람으로 이쿠노는 사람이 살기에 적당한 곳이 아니었다. 이쿠노의 옛 이름이 '돼지를 기르는 토지(들판)'라는 '이카이노(猪飼野)'로 불린 것만 보아도 잘 알 수 있다. 그런 지역에 재일한인들이 몰려 살게 된 것은 1920년대의 히라노 운하 건설공사에 조선인이 강제동원되면서부터다. 일본에 식민지 조선인은 매우 싼 임금으로도 위험이 따르는 육체노동을 강제할 수 있는 대상이었다.

조선인들은 강 주변의 공사현장을 중심으로 모여 살기 시작했고, 공사가 끝난 뒤에도 그대로 일본에 눌러앉아 항만, 건설, 광산 노동자로 삶을 이어가게 되었다. 이 히라노강을 중심으로 형성된 현 재일동포들의 주거지와 생활 터전에는 식민지 조선인의 피와 땀이 서려 있다.(2006년, 사진 안해룡)

조선시장

오사카시 이쿠노구(區)의 코리아타운은 김치나 빈대떡, 고추장 등 '조선' 음식과 식재료 등을 파는 가게와 한복을 걸어놓은 전통의상점 등이 즐비해 있는 미유키도리(御幸通) 상가를 중심으로 자리 잡고 있다. 오랫동안 '조선이치바(朝鮮市場)'라는 별명으로 불려온 미유키도리 상가는 재일한인들의 삶의 터전이다.

이곳에서는 부산 자갈치시장에서 볼 수 있는 "오이소, 보이소, 사이소"라는 말이 현수막에 걸려 있고, "혼저 옵서"라는 제주도 사투리가 지나가는 사람들을 잡아끈다. 얼마 전에는 한류 바람을 타고 한국 가수들의 음반이나, '욘사마' 등 한국 유명 배우들의 출연작품과 사진집 등을 파는 한류 전문 상품점인 'K-WAVE'가 생겨났다.(2006년, 사진 안해룡)

"내가 어릴 적에 김칫집
이 나란히 늘어선 이쿠노
구의 조선시장은 학교로
가는 통학로였다. 조선시
장의 김칫집에는 빨간색
의 반찬들이 빼곡히 진열
되어 있었다."

"한국의 떡집에는 언제나
찜통에서 나온 김이 옆의
유리에 서려 안이 보이지
않았다."

(양영희 글 중에서)

"치마저고리 등 민족의상
을 파는 가게를 지날 때
에는 산뜻하고 단아한 한
복과 신부 의상에 시선을
빼앗겼다."

"코리아타운을 방문하는
관광객들은 조선시장의
상점가를 거닐면서 한국
요리를 먹거나 배용준
'욘사마'의 포스터나 관
련 상품을 사면서 한국을
방문한 듯한 만족감을 느
낀다."

(양영희 글 중에서)

야키니쿠

오사카 이쿠노의 쓰루하시역(鶴橋驛) 주변의 코리아타운에는 야키니쿠(燒肉) 간판을 단 '한국식 불고기' 요릿집이 많다. '고기구이' 정도로 풀이할 수 있는 야키니쿠는 한때 '김치'와 함께 '일본을 사로잡은 한국음식'으로 알려지기도 했지만, '김치'와 '기무치'가 다르듯이, 한국의 '불고기'와는 다르다. 일본에서 서양의 커틀릿이 일본인들의 '입맛'에 맞게 '튀김옷'을 입고는 돈가스로 바뀌었듯이, 야키니쿠는 한국식 불고기가 아니라 '일본화'한 불고기라 할 수 있다. 한류 바람을 타고 야키니쿠를 찾아 쓰루하시역 주변을 찾는 일본인들이 많다고 하지만, 그 야키니쿠가 '역수출'되어 한국에 '일본식 불고기'인 야키니쿠를 파는 음식점이 생겨나고 있다. '야키니쿠'는 한류 창구의 역할을 하는 코리아타운의 또 다른 얼굴이다.(2006년, 사진 안해룡)

민족학교

1945년 일본에서 해방을 맞은 재일동포들은 조국으로 돌아가는 준비과정의 하나로 자녀들에게 우리말과 우리글을 가르치기 위한 국어강습소를 곳곳에 세웠는데, 이것이 훗날 '민족학교'의 전신이 되었다. 민족교육에 특히 큰 관심을 보인 것은 재일본조선인연맹(현 총련의 전신)이었다. 조련은 국어강습소를 '학교'의 형태로 만들어나갔다. 이후 총련과 민단으로 재일동포 사회가 둘로 나뉘면서 일본에 있던 '민족학교'는 총련의 조선학교로 남게 되었다. 민족학교에 대한 재정적 지원으로 1957년 4월, 북한 정부의 교육원조비와 장학금(1억 2,000여 만 엔)이 송금된다. 민족학교가 '북한식 교육'을 하게 되는 계기의 하나이기도 하다.

민족학교는 오늘의 총련계 사회를 가능케 한 바탕을 제공해 주었다고 할 수 있다. 민족학교의 역사는 해방 이후 재일동포 사회의 역사이기도 하다. 하지만 민족학교와 그 학생들에 대한 일본 정부의 차별과 불평등 정책, 학생수 감소 등으로 민족학교들의 통폐합이 늘어나면서, 민족학교는 그 수가 줄어드는 위기에 처해 있다(또 다른 민족학교라 할 수 있는 민단계 학교가 있긴 하지만 그 수는 총련계 학교에 비해서 얼마 되지 않는다. 민족학교라고 할 때 흔히 총련계 학교를 떠올리게 되는 또 다른 이유이기도 하다. 민단계 학교는 보통 '한국학교'로 불린다).

1

2

3

1. 쓰루하시(鶴橋)조선학교가 있었던 곳 :
   학교가 있던 이곳에 지금은 일본 유치
   원이 들어서 있다.(2006년, 사진 안해룡)

2. 이쿠노조선초급학교의 모습.(2006년, 사
   진 안해룡)

3-4. 히가시오사카(東大阪)중급학교 학생
   들.(2006년, 사진 안해룡)

4

1

2

3

4

1. 미유키모리소학교(御幸森小學校)의 민족
   학급 학생들을 위한 공연.(1994년, 사진 안
   해룡)

2. 미유키모리소학교의 민족학급 학생
   들.(1994년, 사진 안해룡)

3. 차별 항의 서명운동 : 각종학교로 분류
   된 조선학교의 학생들에 대해서는 전철
   의 정기권 학생 할인이 적용되지 않았
   다. 이에 항의하는 서명 운동을 벌이는
   조선학교 학생들.(1994년, 사진 안해룡)

4. 이쿠노 문화제에 모인 재일 학생들.(1994
   년, 사진 안해룡)

5. 기타타쓰미소학교(北巽小學校)의 민족학
   급과 학생들 : 일본 학교에서 외국인 학
   생이 전체 학생수의 30%를 넘으면 민족
   학급을 설치하고 주 1회 민족교육을 실시
   하도록 했다.(1994년, 사진 안해룡)

5

이쿠노의 사람들

조국의 분단은 식민 모국에서 살던 이쿠노의 조선 사람들을 총련과 민단으로 어김없이 금 그어놓았다. 민족 차별의 경계에 살던 이쿠노의 조선 사람들은 이제 거기에 더해 민족 분단의 경계를 살아가야만 했다. 모국에서 가장 가까운 곳에서 살아가는 '동포'들인 만큼 일본사회의 그들에게 조국의 경계 짓기가 주는 상처는 깊을 수밖에 없었다.

세월이 흘러 2000년 조국에서 들려온 6·15남북공동선언은 남과 북, 일본 모두에 속해 있었지만 사실상 그 어디에도 제대로 속해 있지 못했던 이쿠노 사람들에도 큰 기대와 흥분을 가져다주었다. 2005년 10월 23일 이쿠노 타쓰미(巽) 공원에서는 이쿠노 구민축제가 열려, 이쿠노 민단 4개 지부와 이쿠노 총련 4개 지부의 135명이 한데 섞인 '한국 민단·조선총련 통일행진단'이 구내 행진을 벌였다. 푸른 한반도가 그려진 깃발이 행진단을 이끌었다. 이때가 네 번째인 민단과 총련의 통일행진단 합동 참가는 6·15남북공동선언을 계기로 처음 시작되었다. 이제 이쿠노의 자이니치들은 사우스, 노스의 지리적 구분 없이, 그보다 더 복잡한 국적의 정치적 구분 없이 분단의 경계를 넘어서는 '원 코리아'를 희망하고 있다.

1

2   3   4

5

1. **이쿠노의 재일 노인들 :** 타쓰미 공원에
　서 장기를 두면서 소일하는 재일 노인
　들.(2006년, 사진 안해룡)

2-5. **이쿠노의 재일한인들의 일상.**(2006년,
　사진 안해룡)

1

2

3

4

1-2. 미유키모리소학교의 민족학급 학생
   들.(1994년, 사진 안해룡)

3. 원 코리아 페스티벌 : 한반도의 하나 됨
   을 지향하면 만든 원 코리아 페스티벌.
   총련, 민단 등이 정치적 이념을 넘어
   서 통일된 조국을 바라는 마음에서 시
   작한 페스티벌이다.(1994년, 사진 안해룡)

4. 이쿠노의 거리를 돌고 있는 농악대.(1994
   년, 사진 안해룡)

5-8. 이쿠노문화제 : 남과 북을 넘어 하나
   가 되자는 뜻으로 만들어진 문화제.(1994
   년, 사진 안해룡)

5

6

8

7

이쿠노 마을 이야기

● 양
  영
  희

이쿠노는 어떤 지역인가?

일본 오사카시大阪市 이쿠노구生野區. 과거 이카이노라고 불리던 이 지역은 일본에서 코리아타운의 메카다. 지역 주민의 1/3 정도인 약 3만 명의 재일코리안이 이 지역에서 살고 있다. 한반도, 즉 본국에서의 전쟁과 학살, 분단과 대립 속에서 이 지역의 재일코리안들은 굴절된 역사를 살아왔다. 눈에 보이는 군사분계선이 없는 이 거리 안에서 서로 섞여 살아왔던 것이다.

이 지역에 살고 있는 재일코리안의 99퍼센트는 한국 출신이다. 일본의 어느 지역보다도 제주도 출신 코리안이 많은 것으로도 유명하다. 일본사회에서 재일코리안은 소수자다. 민족 차별과 빈곤 속에서 억압받고 갈등하면서도, 이 지역에 살고 있는 재일코리안들은 본국에서의 지방주의까지 가세되면서 서로 복잡하게 얽혀 있는 상황이다.

시간이 흘러 지금은 강력한 한류의 붐으로 패션잡지에 소개될 정도로 관광지로도 유명하게 되었지만, 과거 이 지역은 결코 가까이 할 수 없는 '두려운 거리'라는 인식을 떨쳐버릴 수가 없었다.

본국, 한반도와 일본사회의 모순이 중첩

되어 있는 이 공간에서 재일코리안들은 누구보다도 늠름하고 굳굳하게 자신들의 삶을 일궈왔다.

어떻게 이쿠노에 모여 살게 되었을까?

이쿠노의 과거 명칭은 이카이노猪飼野. '돼지를 기르는 토지'라는 뜻이다. 과거 한반도의 백제에서 이주한 도래인들이 살고 있었다고 전해지고 있다.

이 지역에 다시 많은 코리안들이 집단으로 이주하게 된 것은 1910년 조선이 일본에 병합된 이후다. 이쿠노를 가로질러 흐르는 히라노강平野川 대확장 공사를 위해 많은 노동력이 필요하게 되었다. 위험을 수반하는 육체노동이었다. 싼 임금으로도 노동을 강제할 수 있는 조선인 노동자들이 이 공사에 동원되면서 이 지역에는 많은 조선인들이 살게 되었다.

1923년부터 제주도와 오사카 사이를 연결하는 기미가요마루君が代丸라는 정기 여객선이 운항을 시작하면서 많은 제주도 출신 조선인들이 오사카의 이쿠노로 흘러들면서 커다란 밀집 지역을 형성하게 되었다. 이 지역에 거주하게 된 친척과 친구들을 근거지로 삼아 더 많

은 조선인들이 이곳으로 옮겨 오게 되었다.

한편 해방 후 한국에서의 복잡하고 어수선했던 정치상황도 한 몫을 했다. 제주도 4 · 3 사건을 계기로 고향인 제주도를 떠나 이쿠노로 건너온 사람들도 적지 않다. 그 후 자연스레 조선시장이 생겨났고, 학교가 만들어졌고, 작은 재일코리안 사회가 형성되었다.

재일코리안 1세들의 풍경

재일코리안 1세의 생활은 가난했다. 일본사회에서 소외된 그들이 할 수 있는 일은 공사현장에서 육체노동을 하거나 고철 · 쓰레기 등을 수집하는 고물상, 내장 등을 파는 포장마차 음식점 정도였다. 일본사회 가장 밑바닥의 직업이었고, 삶이었다. 공장을 운영하거나 불고깃집을 운영하는 사람들을 동료들은 '부르주아'라고 불렀다.

내가 어릴 적에 김칫집이 나란히 늘어서 있던 이쿠노의 조선시장은 학교로 가는 통학로였다. 조선시장의 김칫집에는 빨간색의 반찬들이 빼곡히 진열되어 있었다. 일본의 츠케모노漬物, 즉 야채절임과는 다른 빨간 고춧가루로 버무린 반찬이나 명태 등의 생선포, 미역,

콩나물 등 내 집 식탁에 언제나 오르는 반찬들이었다. 가겟집의 할머니들은 제주도 사투리로 손님들과 잡담을 나누면서 절인 조기를 팔고 있었다.

돼지고깃집에는 큰 솥을 걸어놓고 바로 쪄낸 돼지고기가 산처럼 쌓여 있었다. 백중이나 정월 초하루, 추석에는 삶은 커다란 돼지머리가 팔려 나가고 있었다. 조선시장을 지날 때, 김치를 먹지 못했던 나는 숨을 멈추고 걷거나, 또 고기를 가렸던 나는 돼지머리를 바라보지 못하고 눈을 감고 돼지고깃집을 지나쳤던 기억이 생생하다.

하지만 치마저고리 등 민족의상을 파는 가게를 지날 때에는 산뜻하고 단아한 한복과 신부 의상에 시선을 빼앗겼다. 한국의 떡집에는 언제나 찜통에서 나온 김이 옆의 유리에 서려 안이 보이지 않았다.

조선시장에는 이러한 가게들 사이에 보통의 일본 가게들도 뒤섞여 있었다. 약국과 과자집, 잡화상 등이 조선 음식점과 서로 섞여 있었다. 일본 속에 있는 한국인지, 한국 속에 있는 일본인지 착각할 정도였다.

조선시장에는 내가 좋아하던, 마음 좋은 용순 할머니라는 분이 계셨다. 할머닌 언제나 풀을 먹인 삼베 치마저고리를 말쑥하게 차려 입고 백발머리는 말아올려 긴 비녀를 꽂은 채 몸을 조금 뒤로 젖히고 양손을 허리 뒤로 바치고서는 황새걸음으로 우아하게 걸어다녔다.

할머니와 만난 내가 큰 소리로 우리말 인사를 하면 "우리말 잘하네"라며 언제나 과자나 용돈을 쥐어주곤 했다. 국경일이건 평일이건 양장을 한 것을 본 적이 없다. 몸빼바지 같은 파자마 이외에는 언제나 무늬가 없는 삼베로 만든 치마저고리를 입고 있었다.

"제주도에는 바람과 돌과 여자가 많다"고 들었다. 오사카의 이쿠노에서도 여자들은 쉬지도 않고 일을 하지만 남자들은 일을 돕은 시늉만 하고 화투를 치거나 바둑을 두거나 때론 친구들과 모여 낮부터 술을 마시면서 고향이나 정치를 화제로 이야기꽃을 피웠다.

저녁 무렵이 되면 집집마다 마늘이나 고춧가루를 넣어 만든 반찬 냄새가 풍겨 나왔다. 내가 어렸을 때에는 에어컨이 보편화된 시절이 아니어서 여름에는 모두들 창문이나 현관문을 열어놓고 지냈기 때문에 집 안에서 하는 이야기나 텔레비전의 소리를 쉽게 들을 수 있었다.

그런 소리 가운데서도 나는 마른 빨래의 잔주름을 펴기 위해 도마 같은 두꺼운 나무 위에 빨래를 놓고 야구방망이 같은 나무 방망이 내가 어릴 적에 김칫집이 나란히 늘어선 이쿠노의 조선시장은 학교로 가는 통학로였다. 조선시장의 김칫집에는 빨간색의 반찬들이 빼곡히 진열되어 있었다. 일본의 츠케모노, 즉 야채절임과는 다른 빨간 고춧가루로 버무린 반찬이나 명태 등의 생선포, 미역, 콩나물 등 내 집 식탁에 언제나 오르는 반찬들이었다.

를 가지고 두드리던 다듬질 소리를 듣기 좋아했다. 나의 어머니는 이불보를 빤 뒤에 밥으로 풀을 먹이고 나서 열심히 다듬이질을 하곤 했다. 이 소리는 전통적으로 한국의 여성들에게 계승된 생활의 지혜의 소리처럼 여겨졌다.

당시 대부분의 집에는 욕실이 없었다. 저녁 식사가 끝나면 공중목욕탕에 가서 땀을 씻었다. 공중목욕탕은 아버지와 아들, 어머니와 딸이 서로 소통하는 장소였고, 동포들끼리 정보를 교환하는 장소였다. 남탕과 여탕 사이로 서로 "어머니", "아버지"라고 부르는 목소리가 오가고 있었고, 뜨거운 욕탕에 몸을 담근 아이들은 우리말로 "하나, 둘, 셋……"을 큰 소리로 외치고 있었다. 이것은 이 지역에 살고 있는 일본인에게도, 재일코리안에게도 익숙한 풍경이었다.

차별 속에서의 서바이벌

재일코리안이 코리안이라는 것을 내세우고 당당하게 살아가는 곳이 이쿠노이지만 이곳에서도 일본인들의 차별은 곳곳에서 존재하고 있었다. 피부색 등 외형적으로는 차이가 없는 한국인과 일본인이지만 이 차별은 보이지 않는 곳에 도사리고 있었다. 곳곳에 도사리는 일본인들의 차별은 코리안들의 굴절된 민족의식을 키웠다.

취직을 위한 면접이나 아파트를 빌리기 위한 심사 때 문제가 되는 것은 언제나 이름이다. 여기서 한국 이름을 사용할 것인가 아니면 일본 이름을 사용할 것인가에 대한 선택을 강요받는다. 아파트를 빌리기 위해 부동산을 방문하면, 학력·직업·수입 등 서류심사에 합격하더라도 집주인과의 면접 직전에 이름을 일본 이름으로 하면 좋다는 권유를 받는다. 우편함에 한국 이름이 있으면 아파트의 이미지가 나빠질 수도 있다는 이유 때문이다.

'애완동물 상담 가능', '외국인 사양'이라는 광고 문안의 '외국인' 안에는 일본에서 태어난 2세, 3세, 4세도 포함되어 있다. 조선시장 대부분의 김칫집 이름도 '미나미하라 상점', '아라이 식료품점' 등 일본식으로 걸려 있다. 이러한 상황은 현재도 계속되고 있다.

재일동포들의 기부금으로 세워진 민족학교를 '누더기 학교'라고 조롱하던 일본 학생이 실제로는 자신을 일본인에게 보여주고자 과잉행동을 했던 재일코리안의 아이였다는 것도 뿌리 깊은 차별의 존재를 체감할 수 있는 현실이다. 민족학교의 학생 수보다도 일본 학

남을 지지하는 사람들과 북을 지지하는 사람들이 이쿠노에 함께 살고 있다. 하지만 본국에서의 대립처럼 이쿠노에서도 남북의 대립은 생활 곳곳에 영향을 미치고 있었다. 조선시장에 있는 김칫집과 떡가게, 민족의상집이 북을 지지하는 총련계와 남을 지지하는 민단계로 나뉘어졌다.

교에 일본 이름으로 다니는 한국 학생의 수가 많은 것도 역설적인 현실이다.

이런 사회상황 속에서도 일본에 건너와 가혹한 민족 차별을 견디어 내면서 생활 기반을 구축하기 위해 몸을 바쳐 일한 재일 1세들은 아이들의 미래를 위해 필사의 노력을 다했다. 보다 좋은 교육 환경을 만들기 위한 노력이 그러하다. 지금 코리아타운에서는 2세, 3세가 한국 이름으로 간판을 단 진료소나, 병원, 변호사 사무실 등이 낯설지 않게 되었다. 전문직을 가지고 일본사회에서 당당하게 활약하는 새로운 재일코리안 세대들은 자신의 이름을 당당하게 내걸고 활약하고 있다.

재일 1세가 일본 땅에 뿌린 씨앗이 지금 하나둘 꽃을 피우고 열매를 맺기 시작하는 것이다.

재일사회 안에서의 대립과 갈등

한반도 남쪽 땅을 같은 고향으로 하는 사람들이 정치적인 이유로 한국 국적과 조선 국적으로 나뉘어 있는 곳이 일본이다.

해방 후 황국신민에서 다시금 독립국 조선으로 돌아온 재일코리안들은 일본 정부가 정한 외국인등록령(법)에 따라 조선반도 출신자라는 의미로 '조선'이라는 국적으로 기재되었다. 이후 일본 정부는 '한국=대한민국'과 국교를 수립하면서 '북한=조선민주주의인민공화국'을 국가로 인정하지 않는 정책으로 일관했다.

많은 재일코리안이 한국 국적을 취득했지만 정치적인 입장이나 분단된 조국의 국적을 선택한다는 것에 반발한 사람들이 한국 국적을 취득하지 않고 '조선' 국적을 유지했다. 하지만 일본에서는 조선 국적을 가지고 있는 사람들은 북한 출신자이거나 북한 지지자처럼 인식되고 있다. 전후 재일코리안에 대한 적절한 처후를 방기한 일본 정부의 책임은 결코 문제가 되지 않는다.

남을 지지하는 사람들과 북을 지지하는 사람들이 이쿠노에 함께 살고 있다. 하지만 본국에서의 대립처럼 이쿠노에서도 남북의 대립은 생활 곳곳에 영향을 미치고 있었다. 조선시장에 있는 김칫집과 떡가게, 민족의상집이 북을 지지하는 총련계와 남을 지지하는 민단계로 나뉘어졌다. 이곳을 드나드는 손님들도 정치적인 입장을 근거로 나뉘었다.

조선시장 안에 남 또는 북을 지지, 비난하는 정치적인 현수막이 걸리면 격론을 넘어 싸움이 일어나기도 했다. 조선시장의 상점가와 그 주변에는 언제나 본국 이상의 긴장감이 감돌았다. 재일 1세들의 정치활동은 사상투쟁과 같은 색채를 띠면서 과격 행동으로 발전하기도 했다.

사상투쟁이 계속되는 가운데 일본사회 안에서 재일코리안의 정치적 대립에 모순을 느끼며 남북을 뛰어넘어 재일코리안으로 독자적인 아이덴티티를 모색하는 사람들도 등장하기 시작했다. 이들은 재일 젊은 세대들의 절대적인 지지를 받았다. 본국을 모태로 한 의식과는 달리 일본에서의 재일코리안의 권리 획득에 눈을 돌렸다. 총련과 민단이라는 민족단체의 대립을 뛰어넘어 재일코리안이라는 공통점을 확인하려는 사고방식이다.

'원 코리아'라는 말이 생겨났다. 이를 내건 여러 이벤트가 이쿠노에서 개최되었다. 과거 이런 개념에 냉랭했던 양 민족단체도 이 이벤트에 참가하기 시작했다. '원 코리아'의 흐름은 재일코리안만이 아니라 평화를 염원하는 많은 일본인의 지지도 받았다. 한반도 문제에 대한 이해를 확산하는 역할을 담당하게 된 것이다.

새로운 주목을 받는 일본의 코리아타운

어느 날 배추김치가 소개되는 요리 프로그램이 텔레비전의 전파를 타고 날아들었다. 나는 놀랐다. 부엌에서 일하던 어머니를 큰 소리로 불렀다. 모녀는 텔레비전 앞을 떠나지 못했다. 어머니는 "시대도 바뀌었구나!"라는 한마디를 던졌다. 나는 새로운 흐름이 시작되고 있다는 것을 예감했다. 이후 김치는 요리 프로그램의 인기 메뉴가 되었다.

이쿠노에 있는 한국 음식점들이 텔레비전에 소개되면서 조선시장에는 일본 방송국의 카메라가 빈번하게 출입하기 시작했다. 코리아타운을 소개한 잡지를 한 손에 들고 쓰루하시역鶴橋驛 부근의 불고깃집 거리나 코리아타운 조선시장의 김칫집, 민족의상 가게를 찾아오는 사람들이 늘어나고 있다. 과거 접근하기 어려웠던 무서운 거리 '코리아타운'이 일본을 상징하는 국제 명소가 되고 있는 것이다.

재일 커뮤니티의 화해

2000년 6월 15일 한국의 김대중 대통령이 평양을 방문해 김정일 국방위원장과 악수를 나누고 대화를 시작한 뉴스는 재일코리안 사회에도 큰 기대와 흥분을 가져왔다. 재일 코리안의 최대 밀집 지역인 이쿠노의 길목 여기 저기에서도 갈등과 대립을 넘어 통일의 미래를 이야기하는 분위기가 형성되었다. 대립하던 동포들이 상대의 정치적 입장을 이해하고 존중하는 분위기가 형성되기 시작했다.

조선시장의 상점가에 내걸리던 현수막에 '원 코리아라는 말처럼 함께 가자'라는 내용이 넘쳐났다. 일본의 미디어들도 재일의 반응을 취재하기 위해 경쟁적으로 코리아타운에 몰려 왔다. 방송국의 인터뷰를 받으면서 김칫집이나 돼지고깃집의 주인들은 기쁨을 감추지 못하고 눈물을 흘리며 미래의 희망을 함께 이야기했다.

'원 코리아'라는 말이 생겨났다. 이를 내건 여러 이벤트가 이쿠노에서 개최되었다. 과거 이런 개념에 냉랭했던 양 민족단체도 이 이벤트에 참가하기 시작했다. '원 코리아'의 흐름은 재일코리안만이 아니라 평화를 염원하는 많은 일본인의 지지도 받았다. 한반도 문제에 대한 이해를 확산하는 역할을 담당하게 된 것이다.

한류 붐과 코리아 타운

2003년 <겨울연가>가 NHK에서 방송된 것을 계기로 한류 붐이 일본에서 일기 시작했다. 일본 안의 '작은 한국', 이쿠노의 코리아타운에도 관광객이 우르르 몰려들었다. 코리아타운에 한류 전문 상점이 생기기 시작했다. 코리아타운을 방문하는 관광객들은 조선시장의 상점가를 거닐면서 한국 요리를 먹거나 배용준 '욘사마'의 포스터나 관련 상품을 사면서 한국을 방문한 듯한 만족감을 느낀다.

이런 한류 붐으로 코리아타운도 새롭게 단장을 하면서 마치 테마파크처럼 느껴진다. 재일의 역사나 한반도에 대해서는 무지한 사람들이 코리아타운에 들러 반나절을 보내면서 돌아가는 모습에 냉정한 시선을 보내는 동포들도 적지 않다. 하지만 상점가의 사람들에게는 반가운 손님들이다. 재일코리안만의 거리, 코리아타운에 패쇄감을 느끼던 젊은 세대들에게 이러한 변화는 밝은 미래를 감지하는 청신호일 수도 있다.

신세대 '재일'과 미래의 이쿠노

1세 할아버지와 할머니들은 살아가기 위해서 김치를 만들고, 돼지고기를 삶아 음식을 만들어 팔면서 하루하루를 살아왔다. 고생을 감내하면서 번 돈으로 아이들의 교육을 위해 투자했다. 일본에서 태어났지만 1세들의 삶을 바로 옆에서 보고 자란 2세들은 코리안이라는 아이덴티티를 지키면서도 신세대로서의 유연한 감각으로 코리아타운을 발전시키고자 노력하고 있다.

바로 집 앞의 작은 김칫집과 포장마차의 곱창집은 이제 일본 전국을 상대로 하는 김칫집이 되었고, 불고기 체인점이 되었다. 본국의 맛을 흉내내는 것을 뛰어넘어 '재일의 맛'을 만들어내어, 일본인 손님을 부르고 있다. 한국 '본고장의 맛'과 경쟁하면서.

과거 고향을 방문한 재일 1세들은 자신들의 자리가 사라진 것을 한탄하거나, 재일 2세들이 모국어를 말하지 못하는 사실에 비난을 받고 열등감을 가졌었다. 지금 3세, 4세, 그리고 새로운 세대는 일본인, 한국인도 아닌 '재일'이라는 아이덴티티 의식을 가지기 시작했다. 새롭고 유연해지기 시작한 것이다.

지금 이쿠노에서는 새로운 세대들이 많은 재능을 지니고 태어나서 자신을 꽃피우고 있다. 새로운 말로 과거를 이야기하기 시작했다. 과거는 결코 낡은 것이 아니다. 미래의 초석인 것이다.

영화와 소설의 무대가 되기 시작한 이쿠노는 그 드라마틱한 매력으로 사람들을 끌어들이고 있는 거리로 새롭게 태어나고 있는 것이다.

양영희

1964년 일본 오사카에서 태어나 조선인학교를 다녔다. 대학 졸업 뒤 오사카 조선고등학교 국어교사로 3년간 있다가, 늘 하고 싶어했던 연극 일을 시작했다.

30대가 되면서 논픽션에 관심이 커져 프리랜서 PD가 되어, 일본 조선인학교 여자아이들의 생활을 담은 〈What is 치마저고리?〉, 재일동포 3세 고등학생의 본명선언을 조명한 〈흔들리는 마음〉 등을 만들었다. 30대 중반에 미국 유학길에 올라 뉴욕 뉴스쿨대학교 미디어연구학과에서 다큐멘터리를 공부했다. 〈디어 평양〉(2006)은 '북한과 일본 오사카에 떨어져 살아가는 자신의 아버지와 가족이야기'를 평양과 오사카를 오가며 찍은 자전적인 다큐멘터리다.

외국인등록증과 지문날인

9

외국인등록증
지문날인 거부운동

외국인등록증

외국인등록령은 1947년 5월 재일조선인 등을 관리할 목적으로 공포되었다. 1952년 4월에 외국인등록법으로 바뀐 뒤 14세(1982년부터 16세) 이상의 외국인은 지문날인을 의무화했다(지문날인제도는 1955년부터 실시). 원래 감시와 통제를 목적으로 한 법률이었다. 이후 등록 시에 채취한 지문을 일본 경찰이 범죄 수사에 이용한 사실이 밝혀졌다.

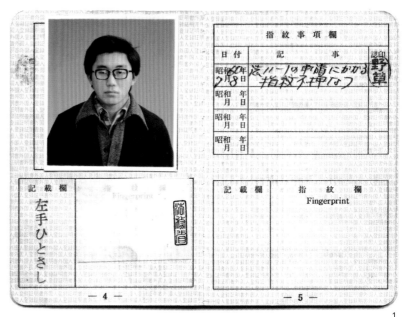

1

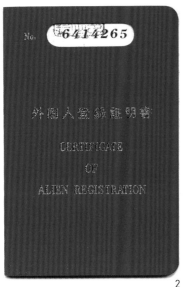

2

1-2. 외국인등록증 : 지문날인을 거부한 효고현 박일의 외국인등록증. '지문란'이 비어 있다.(재일한인역사자료관 소장)

3-5. 외국인등록증 : 오사카부가 1946년 발급한 외국인등록증.(재일한인역사자료관 소장)

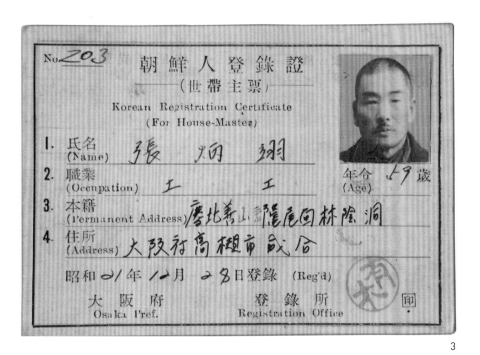

3

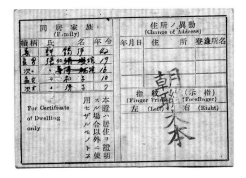

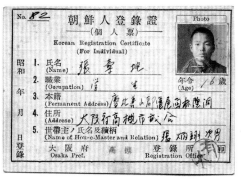

4

5

지문날인 거부운동

도쿄에 살고 있던 한종석이 1980년 9월 지문날인을 거부했다. '굴욕의 날인'을 거부한 한 사람의 반란이었다. 하지만 그의 지문날인 거부는 많은 젊은이들의 공감을 이끌어냈고 일본인도 함께 참여하는 시민운동으로 확대되었다.

지문날인 거부운동이 고조되면서 일본 법무성은 이 행위를 법률 위반으로 규정하고 지문날인 거부자에 대해 체포, 재입국불허가, 체류불허가 등의 탄압을 행했다. 지문날인 거부자가 1만 명을 넘어서자 일본 정부는 일생 1회에 한해서 지문날인을 하는 방식으로 법률을 개정했다.

이 외국인등록법의 지문날인은 2000년 4월 전면 폐지되었다. 하지만 외국인등록증의 항시 휴대 의무는 현재도 유지되고 있다.

1

1. **벌금형 선고** : 지문날인 거부자에게 벌금형을 선고한 도쿄지방법원의 판결을 알리는 신문기사와 재판관련 서류.(1984년, 재일한인역사자료관 소장)

2. **재일 영화감독 오덕수의 외국인등록증과 관련 문서들** : 지문날인 거부운동 전에 만들어진 외국인등록증에는 지문날인이 선명하다.(재일한인역사자료관 소장)

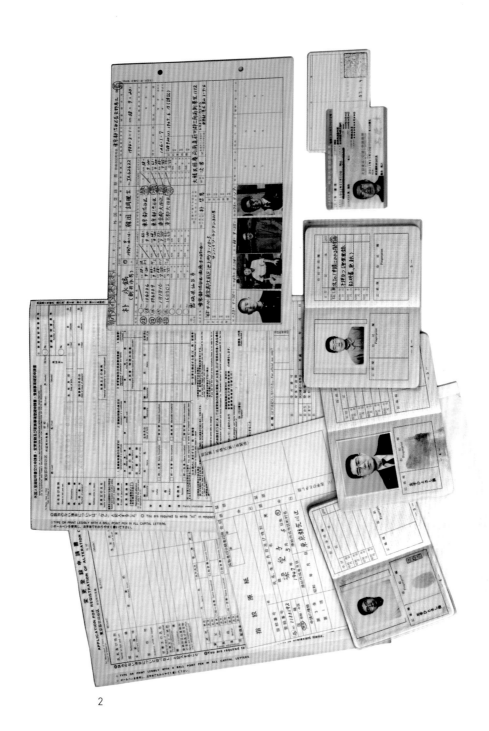

2

指紋押捺が
服従のシンボルとして
続くかぎり
拒否の闘いは永劫に
つづく———

AGAINST FINGER PRINT

指紋押捺
拒否2

しもんおうなつ
きょひ2

外国人登録法の抜本的
改正に向けて

企画・製作─────
映画「指紋押捺拒否2」
　　製作委員会
監　督─────呉　德洙
撮　影─────篠田　昇
　　　　　　　柴田　良司
　　　　　　　笠松　則通
録　音─────本田　孜
　　　　　　　岩佐　珠
編　集─────清水千恵子
　　　　　　　田村　哲也
スチール─────道岸　勝一
制　作─────田口　知洋
ナレーター─────佐藤　慶

日本社会党中央本部・国民運動局
〒100　東京都千代田区永田町1-8-1　Tel 03-580-1171（代表）

2

1. **지문날인 거부운동 포스터.**(1984년, 재일
　　한인역사자료관 소장)

2. **지문날인 거부 전단 :** 지문날인 거부 관
　　련 집회에서 배포된 각종 전단들.(1984
　　년, 재일한인역사자료관 소장)

3. **재입국불허 항의 전단 :** 지문날인 거부
　　자에 대한 재입국불허에 항의하는 전
　　단.(1984년, 재일한인역사자료관 소장)

2

3

1. **지문날인 거부운동 관련 신문기사.**(1984년, 재일한인역사자료관 소장)

2. **재입국불허 항의시위** : 지문날인 거부자에 대한 일본 재입국 불허에 항의하는 거리시위.(1984년, 재일한인역사자료관 소장)

3. **재일의 젊은이들이 조직한 지문날인거부예정자회의의 발족식.**(1984년 9월 29일, 재일한인역사자료관 소장)

4. **지문날인거부예정자회의의 참가자** : 총 33명이었다. 3·1운동 때 독립선언서에 서명한 발기인수와 같이 회의를 조직한 것은, 참가자들이 지문날인 거부를 '재일의 독립선언'으로 생각했기 때문이다.(1984년, 재일한인역사자료관 소장)

5. **지문날인 모습.**(재일한인역사자료관 소장)

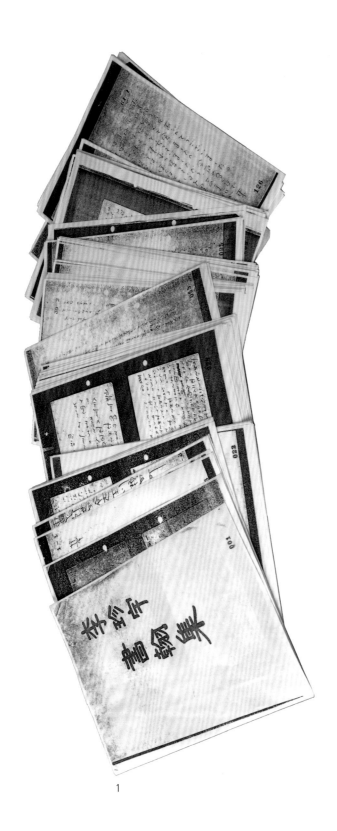

1

1. **이진우의 편지** : 해방 이후에도 조선인에 대한 차별이 일본에서 어떻게 계속되었는지를 보여주는 하나의 상징적 사건이 재일조선인 이진우의 사형사건이다. 이진우는 1959년 열여덟의 나이에 강간살인 혐의로 체포되어 아무런 물증과 증인도 없이 사형당한 재일조선인이다. 당시 조선인 부락의 허름한 판잣집에 살면서 일을 하며 공부에 매진하던 이 청년에게, 몇 차례의 졸속 심리를 거쳐 사형이 확정된 후 이례적으로 빠르게 사형이 집행되었다. 두 차례의 자전거 절도 이력(자전거를 팔아 책을 샀다고 함)과 도서관에서 책 수십 권을 훔친 전과 경력이 유죄판결을 확정 짓게 만들었다. 유난히 높은 지능지수에 책임능력이 있다는 정신감정조사도 정상참작이 되지 않았다.(재일한인역사자료관 소장)

2. **단식투쟁** : 지문날인 철폐를 요구하며 단식투쟁을 전개한 임삼호.(재일한인역사자료관 소장)

3-4. **외국인등록법의 개정 요구 시위** : 재일청년회와 부인회가 참가한 외국인등록법의 개정을 요구하는 거리행진.(1984년, 재일한인역사자료관 소장)

5. **오덕수 감독** : 일본인 부인과 결혼한 영화감독 오덕수는 지문날인을 하지 않으면 고발된다는 이야기를 듣고 구청에서 지문날인을 했다. 하지만 그는 독립영화 〈지문날인 거부〉를 만들면서 자신의 외국인등록증을 불태웠다.(재일한인역사자료관 소장)

2

4

3

5

1

2

3

1. 독립영화 〈지문날인 거부〉를 찍고 있는
   카메라맨.(재일한인역사자료관 소장)

2. **지문날인 거부자를 인터뷰하는 오덕수
   감독.**(재일한인역사자료관 소장)

3-6. **지문날인 항의 집회.**(재일한인역사자료
   관 소장)

7-8. **유죄선고 항의 집회 : 지문날인을 거
   부한 한종석에 대해 유죄를 선고한 법원
   의 판결에 항의하는 집회.**(재일한인역사자
   료관 소장)

9. **오덕수 영화감독의 외국인 등록 관련 기
   록.**(재일한인역사자료관 소장)

4

5

6

7

8

9

국경과 이민, 난민에 관한 몇 가지 의문

● 최 인 석

2006년 추석 휴가 동안 내내 날씨는 청명했다. 단풍이 바람처럼 산을 달리고, 아침저녁으로 날씨가 서늘해져 무덥고 길던 여름이 마침내 꼬리를 감추는 중이라는 것을 실감할 수 있었다. 창밖으로 숲이 부쩍 야위어가는 것이 보이고, 거리의 은행나무들은 쓸쓸한 표정으로 노란 잎들을 떨구었으며, 이따금 욕심쟁이처럼 생긴 중년의 부인들이 은행나무 가지를 함부로 털어대고 은행을 사냥하느라 열심이었다. 모처럼 가족과 함께 한가롭게 걸어 가까운 극장에 가서 셰익스피어의 햄릿을 번안하여 만든 웅장한 영화를 보기도 했다.

그러다 문득 텔레비전을 켜니 북한이 핵실험을 했다는 보도가 떠들썩했다. 나라 안팎이 들썩거리고, 미국과 일본을 비롯한 몇몇 나라에서는 해상봉쇄니 경제제재니 군사제재니 하는 말들이 소란스러웠다. 북한의 핵실험이 세계 평화를, 그리고 동북아시아의 안정을 크게 위협할 것이라고, 각국의 정치가들이 떠들어댔다.

그런가 보다, 하고 생각하다가도 고개가 갸웃거려진 것은, 오늘날 전 세계에 산재하는 핵무기들의 숫자 때문이었다. 3만 개에 가까운 핵무기를 오래전부터 세계는 쌓아놓고 있지 않은가. 미국, 중국, 러시아와 영국, 프랑스,

그리고 이스라엘 등이 지닌 그 엄청난 핵무기는 세계 평화를 위협하지 않는데, 북한의 핵무기 몇 개는 세계 평화에 위협이 되는 것인가? 어째서 그런 것일까?

얼마 전에 미국은 인도의 핵무기 보유를 지지했다. 이어 인도와 국경을 맞대고 살면서 가끔 치고받고 전투를 벌이는 파키스탄이 국가 보위를 이유로 핵무기를 개발했다. 어떤 나라의 핵무기는 세계 평화에 위협이 되고 어떤 나라의 핵무기는 세계 평화에 위협이 되지 않는 까닭은 무엇일까? 정치가들은 참 똑똑하기도 하다. 어떻게 그런 것을 딱딱 판단해 내는 것일까? 무엇을 근거로?

영국의 한 신문사는 이런 논평을 냈다. 마치 알코올중독자가 10대 청소년들의 음주에 대해 욕설을 퍼붓듯이, 전통적인 핵 강대국들이 이제 비로소 한두 개의 핵무기를 만들어낸 나라들에 대해 위험분자라고 고함을 지른다고 말이다. 알코올중독자라는 비유가 아주 인상적이다.

그들이 뻔뻔한 것일까, 신생 핵무기 개발 국가들이 뻔뻔한 것일까?

나는 핵무기에 찬성하는 사람이 결코 아니다. 그것을 생각만 해도 식은땀이 나고 혐오감이 들고 무섭다. 어떤 나라도 집단도 개인도 핵무기를 만들어서는 안 되고 사용해서도 안 된다고 생각한다. 다만 북한이 핵무기를 만들었다 하여 미국이, 전 세계에서 핵무기를 가장 많이 지니고 있고, 지금도 그 숫자를 늘여가는 미국이 북한에 대하여 동북아의 안정이니 세계 평화니를 들먹이며 비난하고 위협하는 것은 아무리 생각해 봐도 정당한 일로는 보이지 않는다는 말이다.

종종 국가라는 것이 움직이는 방식은 뒷골목 깡패들의 방식과 유사하다는 생각이 들 때가 있다. 세금을 걷고, 때로는 필요한 규율을, 때로는 어처구니없는 규율을 만들어 강제하고, 말을 안 들으면 붙잡아다가 벌하고, 옆 골목 깡패들을 위협하고, 다투고, 싸움을 벌이기도 하고, 사람을 죽이기도 하고, 죽이는 연습을 강제로 시키기도 하고, 여기까지가 내 영역이다, 저기부터는 니 영역이다, 함부로 들어오지 마라, 다투고…….

핵무기에 대해 각기 다른 평가가, 이해하기 힘든 평가가 횡행하듯이 국경에 대해서도 비슷한 일이 벌어지는 것 같다.

우리는 돈, 또는 자본이라는 것이 국경을 어떻게 넘나드는지를 잘 안다. 하루에도 수천 수만 번, 투자자들은 미국과 유럽, 아시아와 남아메리카의 수많은 국경을 넘나들면서 주식을 사고팔고, 자원을 거래한다. 그들에게 국경이란 이미 존재하지 않는 것과 다름없다. 자본이 국경과 문화의 차이를 초월하여 자유롭게 운동하고 이익을 만들어내고, 그 이익을 제 나라로 송금하는 데 불편을 주는 장애들을 제거하기 위하여 온갖 수단이 다 동원되었고, 또한 지금도 여전히 온갖 궁리들이 진행되고 있다. WTO니 IMF니 하는 거대한 국제기구들, 극단적으로는 FTA라 불리는 상호조약이 모두 그런 것들 아닌가. 그것이 미국과 전 세계 자본가들이 소리 높여 주창하는 신자유주의다.

다른 한편, 또 하나의 국경은 오히려 더욱 견고해지고 있는 추세다. 미국이 멕시코와의 국경에 거대한 장벽을 쌓고, 경비초소를 짓고, 경비병들을 더욱 많이 확보하기 위한 예산을 편성하기로 했다는 소식이 들려온다. 멕시코에서 넘어오는 불법 이민자들을 막기 위해서다. 유럽에서도 더욱 보수적이고 폐쇄적인 이민법들이 추진되고 있다. 인종주의와 배타적 민족주의를 내세우고 새로이 정계에 진출한 극우파 정당들이 그 주체다.

2006년, 벨기에에서는 극우정당 '플랑드르의 이익'이 플랑드르 지역에서 20%퍼센트를 넘는 득표율을 기록, 지방자치단체에 진출했다. 이들이 내건 공약은 이민법 강화였다. 오스트리아에서도 극우정당 계열의 두 정당이 15퍼센트를 넘는 득표율을 기록하여 의회에 진출했다.

독일에서도 옛 동독 지역 메클렌부르크포어포메른 주에서 신나치 정당인 국민민주당이 새로이 주 의회에 진출했다. 영국의 지방선거에서는 'EU(유럽연합) 탈퇴'를 공약으로 내건 영국국민당이 유권자들에게 놀라운 지지를 받아 5석이던 의석을 32석으로 크게 늘렸다. 스위스에서는 2003년 총선을 통하여 극우정당인 국민당이 제1당으로 뛰어올라 세계를 경악하게 만들더니, 얼마 전에는 난민·이민 허용 기준을 엄격하게 제한하는 법률을 만들었다.

전쟁이나 천재지변, 가난이나 기아, 정치적 격동을 피하여 국경을 넘으려는 난민들에 대해서는 국경은 냉정하고 엄중하게 그 높이를 더해 가는 중이다. 이스라엘과 팔레스타인 사이의 경계는, 사실은 확정된 국경도 아니건만, 그 어떤 국경보다 더 참혹하고 무자비하다.

자본에는 아무것도 아닌 국경이 난민이나 이민들에게는 폭군처럼 가혹하다. 이것이 오늘날 국경의 양면이다.

나는 해외동포들의 작품을 읽으면서 그들이 낯선 나라에서 적응하고, 그 땅에 뿌리내 자본에는 아무것도 아닌 국경이 난민이나 이민들에게는 폭군처럼 가혹하다. 이것이 오늘날 국경의 양면이다.

어째서 이런 모순된 일이 벌어지는 것일까? 어째서 자본에는 새로운 도로에 불과한 국경이 난민이나 이민들에게는 그토록 엄중하고 무시무시한 장벽이 되는 것일까?

리기 위하여, 살아남기 위하여, 자녀들을 키우고 교육시키기 위하여 얼마나 가혹한 차별과 굴욕을 견디며 눈물겨운 노력을 기울이는지를 비로소 알게 되었다. 미국 같은 나라의 경우, 백인들에게 차별받는 흑인들이 우리 동포들을 차별하는 참 괴상한 일이 벌어지고 있다는 것도 알게 되었다. 그들이 이민을 떠난 이유가 정치적인 것이건 경제적인 것이건, 아이들의 교육 때문이건 그들이 겪어내야 하는 간난신고는 비슷했다. 그들이 그런 간난신고를 겪는 동안 국적법·이민법은 점점 더 강화되고, 불법 이민자들에 대한 추적은 더욱 집요하고 날카로워졌으며, 그리고 그런 일이 벌어지는 바로 그 사이에 자본에는 국경이 더욱 희미해지고 더욱 무의미해져서 마침내는 거의 사라져버릴 지경이 되었다.

어째서 이런 모순된 일이 벌어지는 것일까? 어째서 자본에는 새로운 도로에 불과한 국경이 난민이나 이민들에게는 그토록 엄중하고 무시무시한 장벽이 되는 것일까?

자본이 국경을 자유롭게 넘나드는 것은 이익을 만들어내는 데 도움이 되지만, 더 큰 이익을 만들어내는 데에 필수적인 조건이지만, 이민이 자유로워지는 것은 이익을 만들어내는 데에 별로 도움이 되지 않기 때문일까?

오히려 방해가 되기 때문일까? 이민을 규제하면 할수록, 이민법이 엄격해지면 그럴수록 불법 이민자들은 많아지고, 불법 이민자들이 많아질수록 자본은 그들 가운데 일부를, 더 좋은 인력을 골라 더 싼 값으로 고용할 수 있고, 그리하여 더 많은 이익을 만들어낼 수 있기 때문은 아닐까?

차별이라는 것은 단순히 인종적·문화적·정치적 문제에 그치는 것이 아니라 경제적 문제이기도 한 것일까? 흑인이 처음 미국에 발을 들여놓게 된 동기가 무엇이었는가? 농장주들의 이익을 위해서였다. 제국주의가 남의 나라를 빼앗아 식민지로 삼은 것 역시 이익을 위해서였다. 그다음에는 차별하는 것이다. 동등한 기회, 동등한 임금을 주면 당초 이민, 혹은 식민의 목적이었던 경제적 이익이 사라지니까 악착같이 차별을 유지하고 강화하는 것이다. 차별이 단순히 피부색 때문이 아니라는 것을 우리야말로 너무나 잘 안다. 일본이 조선을 식민지로 삼았을 때 조선 사람들이 받은 차별이 그것을 입증하지 않는가. 조선 사람과 일본 사람은 피부색이 다르기는커녕 생김생김도 구별하기 힘들 정도인데도 불구하고, 차별은 엄혹했다.

그러니까 신자유주의가 세계적으로 강화

오늘날 국경이 자본을 위해서는 한없이 낮아지고 난민이나 이민을 위해서는 한없이 높아지는 이런 현상은 어쩌면 과거 농노의 거주를 제한하던 제도와 다를 바 없는 것은 아닐까? 저들은 오늘날 새로운 봉건제도를, 자본을 위한 봉건제도와 영토를 만들어내고 있는 것은 아닐까?

되기 시작하면서 제1세계의 이민법이 더욱 보수적이 되고, 극우적이고 배타적인 민족주의가 기승을 부리는 것은 이렇게 보면 단순히 우연한 현상이 아닐지도 모른다. 이민법이 보수적이 될수록 차별이 유지·강화되고, 그럴수록 자본은 그런 장치를 통해 더욱 높은 이익을 만들어낼 수 있게 되는 것 아닐까?

문득 과거 봉건시대의 농노가 생각난다. 농노 계급은 자유롭게 다른 지방으로 이사를 가거나 여행을 할 수가 없었다. 그것은 불법이었다. 봉건 귀족의 이익과 권력을 위해서였다. 오늘날에도 난민이나 이민을 규제하는 것은 마찬가지로 법이다. 법, 그리고 법을 만들어 집행하는 국가의 정체, 그 국가의 영역을 나타내는 국경이라는 것의 정체가 무엇인지, 다시 한 번 고개가 갸웃거려진다.

오늘날 국경이 자본을 위해서는 한없이 낮아지고 난민이나 이민을 위해서는 한없이 높아지는 이런 현상은 어쩌면 과거 농노의 거주를 제한하던 제도와 다를 바 없는 것은 아닐까? 저들은 오늘날 새로운 봉건제도를, 자본을 위한 봉건제도와 영토를 만들어내고 있는 것은 아닐까? 난민이나 이민은, 불법 이민까지 포함하여, 이 같은 불합리하고 반인간적인 법과 제도에 대하여 저항하는 이들, 그 법이나 제도 아래에서는 살 수가 없는 이들이라고 할 수 없을까?

만일 발전이라는 것이 인간을 위한 것이라면 발전을 위해서는 당연히 이 같은 불합리한 법이나 제도는 개선되어야 하는 것 아닐까? 자본가들에게, 국경을 유지하고 있는 모든 국가들에 우리는 물어야 하는 것 아닐까? 자본이 무국적이 되고 다국적이 되는데, 어째서 인간에게는 그것이 금지되는 것이냐? 자본만이 아니라 인간에게도 국경을 낮추고 장차는 국경을 철폐해서는 안 되는 이유가 무엇이냐? 우리가 봉건시대 농노냐? 아니면 신자유주의 시대의 신농노냐?

미국 시민들에게 아무렇지도 않은 국경과 법과 제도가 거기로 살러 간 우리 동포들에게는, 제3세계 이민들에게는 가혹하고 무자비한 족쇄요 노비문서다. 그 나라에서 노동을 하여 그 나라에 봉사하며 살면서도 (미국의 불법 이민자들이 한날한시에 몽땅 사라져버리면 미국이라는 나라의 경제 하부가 마비되고 말리라는, 다소 과장이 섞인 논평이 있다는 것은 무슨 뜻일까?) 온갖 차별과 학대 아래 던져져 있다. 그로 인해 이민들이 겪어야 하는 불편, 고통, 울분과 슬픔은……. 아니다, 이것은 내가 말할 필요가 없다. 해마다 산더미처럼 쌓이는 그것을 개선하는 것은 단순히 우리와 피부색 다르고 문화와 언어가 다른 그들을 위해서일 뿐만 아니라 바로 외국에 나가 사는 우리 해외동포들을 위해서요, 북한을 떠나 중국으로 흘러들어 가 참혹한 처지에 떨어져 사는 탈북자들을 위해서요, 그런 반인간적 법과 제도 아래 거주이전의 자유를 박탈당한 모든 인간을 위해서다.

동포들의 원고에 피처럼 진하다. 어쩔 수 없는 일이다, 하고 지나쳐버린다면 그것은 그런 법이나 제도로 이익을 얻는 자들, 몇 푼의 이익을 위해 그런 법과 제도를 유지·강화시키는 행위와 크게 다를 바 없는 짓인지도 모른다.

이 나라에도 불법 이민자들, 불법 체류자들, 외국 노동자들 때문에 이런저런 문제가 불거져나오고 있다. 위에서 말했지만 다시 반복하자면, 나에게 아무렇지도 않은 우리 국경과 법과 제도가 저들에게는 가혹하고 무자비한 족쇄요 노비문서가 되어 있을 것이다. 그것을 개선하는 것은 단순히 우리와 피부색 다르고 문화와 언어가 다른 그들을 위해서일 뿐만 아니라 바로 외국에 나가 사는 우리 해외동포들을 위해서요, 북한을 떠나 중국으로 흘러들어가 참혹한 처지에 떨어져 사는 탈북자들을 위해서요, 그런 반인간적 법과 제도 아래 거주이전의 자유를 박탈당한 모든 인간을 위해서다.

세계가 하나라 하지만 그것은 자본에만 그러한 것인가? 인간에게는 아직도 세계는 봉건 귀족들의 영토와 영토로 나뉜, 노예들의 황량하고 살벌한 노역지에 불과한 것인가?

나는 그런 노역지에서 살고 싶지 않다. 어느 누구도 그런 노역의 땅에서 살고 싶지 않을 것이다.

저 핵무기들, 그 핵무기를 놓고 싸움질을 벌이는 저 어처구니없는 정치권력들, 사람을 한꺼번에 수십만 수백만을 죽여 없앨 수 있는 무기를 가지고 있어야만 되겠다고 작정을 한 자들, 그 무기를 자기들만 가지고 있어야겠다고, 남들이 가진 것은 결코 봐주지 않겠다고 으르렁거리는 자들, 어쩌면 바로 그런 자들이야말로 저 국경을 높이기 위해 안달을 하는 자들, 그 친구들, 그 지원자들, 단풍이 산을 넘어 달리고, 바람이 은행잎을 노랗게 물들이는 이 아름다운 세계를 노예의 노역지로 만드는 자들인지도 모른다.

최인석

1953년 전북 남원에서 태어났다. 1980년 희곡 〈벽과 창〉으로 월간 《한국문학》 신인상을 수상하며 데뷔했다. 1986년 월간 《소설문학》 장편소설 공모에 〈구경꾼〉이 당선되면서 본격적인 소설 창작을 시작했다.
장편소설 《새떼》, 《안에서 바깥에서》, 《아름다운 나의 鬼神》, 《이상한 나라에서 온 스파이》, 소설집 《인형 만들기》, 《내 영혼의 우물》, 《혼돈을 향하여 한 걸음》, 《나를 사랑한 폐인》, 《구렁이들의 집》, 《서커스 서커스》, 《목숨의 기억》 등이 있다.

재일 가족의 초상

10

자료 제공 : 재일한인역사자료관

권재일 가족

태어나고 자란 일본 미에현(三重縣)에서의 추억

일본 나고야시(名古屋市)에 거주하는 권재일의 앨범에서

1

가계연표

1922년 2월 11일	아버지 권문희, 강원도 양양군 통천면에서 출생.	1953년	미에현(三重縣) 구와나(桑名)로 이사. 오이타에서 어머니를 불러들임. 살롱 '십번' 개점.
1926년 1월 4일	어머니 용순례, 전라북도 장수군 장수면에서 출생.	1956년	미에상은(三重商銀) 설립으로 분주하게 보냄.
1934년	아버지, 단신으로 일본 후쿠오카현(福岡縣)으로 건너옴. 철공소에서 근무함.	1960년	욧카이치시(四日市)에서 염가 약국인 ㈜제일약품을 개점.
1940년	아버지, 오이타현(大分縣)으로 이사.	1964년	장남 재일 출생.
1944년	아버지, 결혼.	1967년	장녀 재남 출생.
1945년	아버지, 오이타현에서 해방을 맞이함. 조련(朝連) 활동에 열중함.	1971년	차남 준일 출생.
		1980년	아버지, 이름을 본명(권문희)으로 돌림.
1952년	아버지, 단신으로 지바(千葉)로 감. 이름을 정인오로 바꿈.	1991년	장남 재일 결혼.
		2001년 4월 11일	아버지 별세.
		2003년 1월 6일	어머니 별세.

信用組合 三重商銀

開店記念　1956.11.16.

2

1. **조부모와의 생활 :** 1953년에 미에현 구와나(桑名)로 이사하면서 생활이 안정되었다. 양친은 조부모와 함께 동거하셨다.(1956년)

2. **동포를 위한 은행 :** 1956년 11월 16일 미에상은(商銀)이 설립되었다. 생전에 아버지는 내게 이 사진을 보이며 자랑스럽게 말씀하신 적이 있었다. 당시 일본 은행은 재일한국인을 상대해 주지 않았다. 일본사회에서 살아가기 위해서는 '우리(재일한국인) 자신의 은행'이 필요했고, 그래서 모두 힘을 합쳐 미에상은을 설립했다고 하셨다.(1956년)

3. **미에현 구와나에 있던 집.(1950년대)**

3

1

2

3

1. **민단 임원** : 아버지는 미에 지방본부단장, 의장, 감찰위원장 등을 역임하셨다. 재일한국인의 생활 향상을 위해서 정열을 바치셨던 때다.(1958년)

2. **사진관에서** : 여섯 살 때 여동생과 함께 사진관에서 찍은 사진. 카메라맨 옆에서 인형을 든 어머니는 우리를 웃기려 하셨다. 여동생은 긴장해서인지 표정이 굳은 것 같다.(1970년)

3. **고향 산소에서** : 조상 산소는 부산 동래 온천 가까이에 있다. 여덟 살 때 가족과 방문했을 때 찍은 사진이다.(1972년)

4. **부인회의 꽃구경** : 어머니는 젊은 시절 부인회 사람들과 자주 장구를 두드리고 민요를 부르고 춤을 추셨다. 어린 시절 꽃구경 등 동포 모임에 어머니를 따라갔던 기억이 있다.(1960년)

5. **사이가 좋았나?** : 내 기억에 아버지와 어머니는 늘 다투기만 하셨다. 최근 상영된 《피와 뼈》의 주인공처럼. 이런 두 분의 사진이 있으리라고는…….(1960년)

6. **나의 목욕 장면** : 늦게 본 자식이라 양친은 정말로 나를 귀여워하셨다. 욧카이치시(四日市)에서는 가게 2층에 살았다. 나는 내가 부모님의 애정을 듬뿍 받았다고 생각한다.(1964년)

7. **약국** : 아버지는 1960년 욧카이치시에서 (주)제일약품이라는 염가 약국을 개점하셨다. 일주일에 한 번 소형 화물차를 타고 오사카까지 약을 팔러 가셨다고 한다. 판매가 좋아 일주일에 두세 번 나가셨고, 전성기에는 미에현 내에서 점포를 갖추시게까지 되셨다.(1980년)

4

5

6

7

남상자 가족

한국의 청실, 일본의 홍실로 맺어진 국제결혼
일본 도치기현 오야마시(小山市)에 거주하는 남상자의 앨범에서

1

가계연표

1911년 3월 6일	남편 남기한(한길), 충청북도 괴산군에서 출생. 친부 남철우, 친모 박춘철.	1949년 11월	도치기현 오야마시(小山市)로 이사.
1929년 1월 28일	우부가타 츠네코(生形常子, 남상자), 일본 군마현(群馬縣) 다카사키시(高崎市)에서 출생.	1951년 9월	차녀 풍현 출생.
		12월	남편과 함께 음식점 '고토부키' 시작.
1943년 7월	강제동원으로 마을의 청년 삼십 수 명과 도쿄 카메이도(龜戸)의 일본통운에서 일함.	1967년	시내에 자택을 신축.
		1968년	남편과 고향을 방문.
1945년 3월	도쿄대공습으로 피재, 동료 25명이 사망.	1971년	마작 '미나미테' 개점.
4월	살아남은 동료 6명과 군마현 우스이군 야스나카초(安中町)의 탄광에서 일함.	1976년 6월 16일	남편 남기한, 1년간의 투병 끝에 작고.
		1977년 9월	아들과 둘이서 고향에 가서 산소를 마련.
1946년 1월	남기한과 결혼. 일본 호적에서 제적됨.	1979년	마작 '미나미테' 폐점. 그 자리에 4층 건물을 자택으로 신축.
11월	장남 충현 출생.		
1949년 1월	장녀 정현 출생.	1988년	역 앞의 재개발로 '고토부키' 폐점.

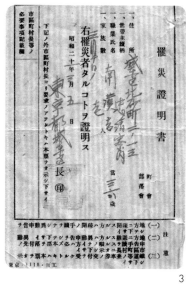

1. **남편의 장례** : 고향에 산소를 만들러 가기 위해 여권용 사진을 찍었지만 남편은 병상 악화로 고향에 가지 못했다. 결국 남편의 사진은 영정사진으로 사용되었다.(1976년 6월 16일)

2. **신축한 자택 앞에서** : "부부로 열심히 일한 보람이 있어 집을 지을 수 있었어요. 지금은 세 명의 아이들과 다섯 명의 손자, 두 명의 증손자들이 있어 행복하게 삽니다."(1967년경)

3. 도쿄대공습의 이재증명서.

1

2

3

1. **장남** : 돌잔치 때의 모습.(1947년 1월)

2. **젊은 시절의 남편** : "오야마에 민단지부를 만들기 위해 분주했고, 상은(재일한국인은행)을 설립할 때는 300만 엔을 출자하고 이사를 맡았습니다."(1946년경)

3. **장녀와 차녀** : 1968년경의 장녀(왼쪽)와 차녀의 모습.

4. **고향의 산소** : 아들과 함께 고향을 방문해 마련한 산소.(1977년)

5. **시내 시로야마공원(城山公園)에서의 꽃놀이** : "지금도 부인회에는 즐겁게 참가하고 있습니다."(1969년경)

6. **자택의 정원에서.**(1969년경)

4

"한 번뿐이지만 남편과 함께 고향에 갔었던 게 정말 다행이라고 생각합니다. 국제결혼을 해서 입적을 하자 범죄자도 아닌데 사진과 지문을 등록하고, 세금을 납부하면서도 선거권도 없었고 외국 국적이기 때문에 연금도 가입하지 못하는 등 여러 가지 차별이 있었습니다. 남편 덕분에 이겨낼 수 있었습니다. 젊은 날의 나를 이끌어준 남편에게 감사하고 있습니다."(2006년 4월)

5

6

문상수 가족

탄광부 2대, 해방 후에는 요리사로 한길 걸어
부산에 거주하는 문상수의 앨범에서

1

가계연표

1927년 2월 1일	일본 후쿠오카현(福岡縣) 구라테군(鞍手郡) 가사마쓰촌(笠松村)에서 출생. 부친 문쇠돌, 경상남도 밀양군 삼랑진면 출신. 17세 때 일본에 건너가서 탄광에서 일함. 모친 김임련, 경상남도 울산군 언양면 출신.
1938년 4월 15일	아버지, 탄광의 낙반사고로 작고.
1940년	마가리가네(勾金)심상고등소학교 졸업. 오사카의 친척집에서 선반공 연수.
1942년	마루산(丸三)탄광에서 일함.
1944년	사고로 허리를 다쳐 2개월간 입원.
1945년 8월	해방. 일본인들이 조선인들을 습격하고 있다는 소문이 탄광에 퍼짐. 가족과 함께 탄광을 탈출.
1945년 12월	일본 하카타항(博多港)을 떠나 부산항에 도착. 재일동포구제회의 소개로 미군기지의 식당에서 일함.
1948년 11월 30일	이수년과 결혼.
1951년	장녀 영희 출생.
1952년	장남 창영 출생.
1955년	차녀 영애 출생.
1959년	삼녀 영숙 출생.
1964년	차남 칠룡 출생.
1966년 10월	베트남 미군기지의 요리사로 일함.
1971년 5월	원자력발전소 건설현장의 식당에서 일함.
1974년 8월 22일	어머니 작고(68세).
1989년	레스토랑 개점.

2

1. 후쿠오카현 다가와시(田川市) 석탄기념공
   원에 세워진 '한국인징용희생자위령비'
   를 방문하고.(1993년)

2. 가족사진.(1975년)

1

2

1. 어머니의 환갑잔치.(1966년)

2. 문상수의 환갑잔치.(1987년)

3. 결혼식.(1948년 11월)

4. **아버지(오른쪽)와 친구 :** 아버지의 사진을 한 장도 못 가졌으나 해방 후 부산에서 우연히 만난 아버지의 친구분한테서 유일한 사진을 받았다.

5. **어머니와 형제들 :** 규슈의 탄광에서의 모습(1932년경).

3

4

5

"해방 전은 아버지도 어머니도 나도 탄광에서 일하고 고생만 했습니다. 부산에서는 우리말을 할 줄 몰라서 또 고생했습니다. 식당의 잡역에서 시작해서 요리사가 되어 이 한길에서 즐겁게 열심히 살았습니다. 식중독 사고를 단 한 번도 일으키지 않았던 걸 긍지로 느끼고 있습니다."(2006년 6월)

이금자 가족

아버지가 돌아가신 후 아이 다섯을 키워낸 어머니

일본 도쿄 아다치구(足立區)에 거주하는 이금자의 앨범에서

1

2

가계연표

1898년 7월 9일	부친 이철규, 제주도 한림면 청수리에서 출생.
1903년 9월 8일	모친 이선, 제주도 대정면 사계리에서 출생.
1924년경	도쿄에서 결혼, 아라카와구(荒川區) 오쿠(尾久)에서 거주.
1928년 11월 23일	장남 창남 출생.
1932년 12월 28일	장녀 정자 출생.
1935년 7월 5일	차녀 미진자 출생.
1937년 7월 30일	삼녀 금자 출생.
1938년	아버지, 포나페섬에서 간장 제조와 판매업을 경영. 가족이 포나페로 이주.
1942년 2월 3일	사녀 절자, 포나페에서 출생.
8월 5일	아버지를 태운 상선이 트럭 섬 근해에서 미군잠수함에 의해 격침당해 아버지 작고.

1943년 여름	이바라기현(茨城縣) 히가시이바라기군(東茨城郡)에 소개(疎開). 어머니가 재봉틀을 구입해서 농가들의 옷을 고쳐서 쌀, 보리, 채소 등과 교환해 아이 다섯을 키움.
1945년 가을	해방 후 고향으로 돌아가기 위해 오사카로 이사.
1946년 봄	귀향을 단념해 도쿄로 이사.
1947년 2월	아버지의 옛 친구(간장 제조 기사)의 협력을 받아 오빠가 사촌과 함께 도쿄 아라카와구에서 간장제조업체 '포나페간장'을 설립.
1956년 3월 1일	이금자, 오경윤과 결혼.
1979년 2월 22일	남편, 불치의 병으로 작고.
2004년 12월 4일	어머니 작고(101세).

"아버지가 돌아가신 후 식민지 시기와 해방 직후의 혼란기에, 한창 자랄 다섯 아이들을 여성의 몸으로 혼자 키워낸 어머님의 지혜와 강인함에 머리가 수그러집니다. 2004년에 101세로 돌아가셨으나, 무릎이 아픈 것 말고는 말년에 어머님은 건강하셨습니다. 기억력과 인내력이 좋으셨고 모성애가 깊으셨던, 아버지를 대신하신 어머님한테서 많은 걸 배웠습니다."(오빠 이창남, 2006년 9월)

3

1. **어머니의 백수** : 어머니의 백수(白壽)를 기념해 아이 5명과 남편, 손자 22명, 증손자 39명이 축복.(2002년 10월)

2. **어머니** : 아버지가 돌아가신 후 다섯 아이를 키워낸 어머니.

3. **부모님** : 1941년 9월 포나페섬(Ponape)에서 부모님.

ポナペ化学研究所創立記念 昭.22. 2. 2日

1

2

3

4

5

1. **포나페화학연구소의 창립을 기념하며 :** 도쿄 아라카와구에서.(1947년 2월 2일)

2. **가족사진 :** 맏딸의 결혼식에서.(1986년 5월)

3. **친구와 함께 :** 도쿄 조선중학교 시절의 친구(왼쪽)와 함께.(1953년).

4. **졸업식 :** 아라카와 조련초등학원 제2회 졸업식.(1947년 3월 27일)

5. **형제들 :** 어머니와 함께한 다섯 형제들의 모습.(1944년경)

6. **남편과 함께.(1977년)**

6

조종제 가족

일본에서 나서 자라고 한국에서 필사적으로 살다
부산에 거주하는 조종제의 앨범에서

1

가계연표

1927년 9월 11일	일본 효고현(兵庫縣) 아마가사키시(尼崎市)에서 출생.
	부친 조상용, 경상남도 함안군 함안면 출신 (1924년경 도일).
	모친 전덕순, 경상남도 함안군 함안면 출신.
1935년	아마가사키시립 긴라쿠지심상소학교 입학.
1941년	주가이(中外)상업학교(현재 효고현립 아마가사키기타고교) 입학
1943년	고향으로 돌아옴. 마산의 상업고교에 편입.
1944년 11월	성경섭과 결혼
1946년	장남 정래 출생.
1948년	한일은행(현재 우리은행)에 입사.
1948년	차남 철래 출생.
1952년	삼남 덕래 출생.
1956년	사남 영래 출생.
1962년	장녀 정남 출생.
1983년	은행 정년퇴직.
2002년 9월 29일	부인 성경섭 작고.
2006년 3월	부산한일언어봉사회 회장에 취임.

2

3

4

1. **가족사진 :** 부인과 함께 고생하며 아들 넷, 딸 하나를 키워낸 조종제에게는 지금 7명의 손자손녀들이 있다.

2. **맏아들 정래의 가족사진**

3. **어머니의 재봉틀 :** 어머니가 일본에서 구입한 재봉틀. 고향에 돌아온 후에도 어머니는 재봉틀로 가족의 생활을 뒷받침했다. 어머니의 고생을 전해 주는 귀한 물건이다.

4. **아버지(오른쪽)과 삼촌 :** 효고현 아마가사키에서.(1924년경)

1

2

"일본에서 나서 일본에서 교육을 받았기에 고향에 돌아온 후에는 우리말을 몰라서 고생했습니다. 가족을 부양하기 위해 필사적으로 일했습니다. 그 덕분에 아이들은 다 사회적으로 성공했다고 보고 있습니다. 지금은 부산한일언어봉사회에서 일본말을 배우는 한편 한일 우호를 위한 봉사활동을 하고 있습니다."(2006년 7월)

1. **결혼사진** : 1944년 11월에 성경섭과 결혼했다.

2. **동창회** : 1990년 오카야마(岡山)에서 마산공립상업학교의 동창회 모습.

3. **할머니 장례식** : 1939년에 돌아가신 할머니의 장례식 모습. 장례는 조선식으로 거행되어 아마가사키에서 살던 많은 동포들이 참가했다. 가운데 아이가 조종제.

어느
재일조선인의 초상

서 경 식

나는 1951년 일본의 교토에서 태어났다. 돌이켜보면 55년 인생의 태반을 일본 땅에서 지낸 게 된다. 2006년 4월부터는 서울 시내에서 살고 있다. 한국의 어느 대학의 객원교수로 체재하게 되었기 때문이다. 한국에서 어느 정도 장기간 생활해 보는 것은 이번이 처음이다. 인생이 끝나기 전에 적어도 한 번은 조국에서 생활을 해봐야지 하는 마음이 내게 있었다. 단, 그것은 조국에의 동경이나 애착이라는 감정과는 조금 다르다. 오히려 인생의 숙제, 피해 갈 수 없는 시험 같은 느낌이다.

한국에서 생활하고 있으면 가는 곳마다 종종 "일본 사람입니까?"라는 질문을 받는다. 그만큼 나의 말투나 행동이 '일본인'처럼 보이는 것이겠지. 유쾌한 일은 아니다. 나는 일본에서 나고 자랐지만 '일본인'이 아니다. 나는 '재일조선인'이다. 인생의 어느 시점부터 '일본인'만큼은 되지 않겠다고 나 자신에게 다짐하며 살아왔다.

왜 조선인인 내가 일본에서 태어난 것일까. 그것은 일제 식민지 시대인 1920년대, 충청남도 청양군의 몰락 농민이었던 할아버지가 살 길을 찾아서 일본의 교토로 이주했기 때문이다. 외할아버지도 충청남도 논산 출신으로 비슷한 무렵 교토에 왔다. 외할아버지의 경우 일제의 '토지조사사업'으로 도로공사에 동원되었을 때, 일본으로 도망칠 것을 결심했다. 작업용으로 대여 받은 곡괭이를 처갓집 울타리 너머로 내동댕이치고 단신으로 도망가 나중에 처자를 불러들였던 것이다.

할아버지와 외할아버지, 동향인 두 분은 서로의 아들과 딸을 결혼시키고, 그 아들과 딸은 4남 1녀를 두었다. 그 네 번째 아들이 나다.

내가 태어난 것은 교토 시내의 서부에 위치한 서민적인 동네다. 소학생이었던 시절의 기억으로는, 당시 인구 120만 명 정도의 교토시에 4만 명 정도의 재일조선인이 살고 있었다. 교토는 일본 국내의 도시로서는 오사카, 가와사키, 고베, 후쿠오카, 히로시마 등과 나란히 재일조선인 인구가 꽤 많은 편이다. 이러한 도시에는 반드시 '조센 부락朝鮮部落'이 있었다. 재일조선인이 모여 사는 가난한 지역을 일본인들은 그렇게 부르고 있었다. '조센'이라는 독특한 악센트의 일본어는 조선인을 우롱하는 차별어다.

일본에는 봉건적 신분제에 기인하는 '부락 차별'이 존재하고, 같은 일본인 사이에서도 '부락민(부라쿠민)'이라고 불리는 사람들은 일상적으로 극심한 차별을 받아왔다. 일본에

건너온 지 얼마 안 되는 조선인들은 당연히 차별 때문에 일본인이 사는 동네에서 주거를 구하는 것이 곤란하고, 피차별민이 모여 사는 '부락' 옆에 자리를 잡게 된다. 때문에 일본인의 '부락'과 '조센 부락'은 서로 이웃하고 있는 경우가 많다. 교토는 역사가 긴 고도古都인 만큼 전근대적인 차별의식도 강해, 일본인의 '부락'이 여기저기에 있었다. 대개는 비위생적이고 난잡한 환경이다.

내가 다닌 소학교 근처에 있었던 '조센 부락'은 그 지역을 통과하는 철도공사에 종사하는 조선인이 살기 시작한 것이 기원이다. 실은 나의 할아버지도 처음에는 그 철도공사의 노동자로 '조센 부락'에 둥지를 틀었던 것이다. 할아버지에게 의지해 동향의 청년들이 잇달아 도일해서 할머니는 한지붕 밑에 살게 된 청년들의 식사나 빨래에 쫓겼다고 한다.

할아버지는 이윽고 '조센 부락'을 나와 교토 시내의 가난한 지역을 이곳저곳 옮겨 다니며 폐품 회수 일을 시작했다. 폐품 회수는 일본인은 하고 싶어하지 않는 일이고, '넝마주이'라고 불리며 차별 받는 직업이었다.

아버지의 이름은 서승춘이라고 한다. 1922년생으로 여섯 살 때 일본으로 건너갔다. 어려서부터 할아버지를 도와 일하고, 소학교

를 마치자 곧 자전거포의 데찌丁稚가 되었다. '데찌'는 숙식을 제공 받으며 잡일을 하는 청소년에 대한 호칭으로, 가장 권리가 없는 저임금 노동자를 말한다.

그런 아버지의 최대의 즐거움은 모아 온 폐품 더미에서 책이나 잡지를 찾아내 읽는 것이었다고 한다. 그 때문인가, 아버지는 소학교밖에 나오지 않았는데도 지식이 풍부하고 언변이 뛰어났다.

내가 어렸을 때, 아버지가 술이라도 한잔하고 기분이 상기되었을 때, 반복해서 말하는 추억담이 있었다. 젊었을 때, 우연히 같은 열차에 타게 된 대학생과 '우주무한론'에 대한 철학 논쟁을 벌여서 마침내는 그 대학생을 논파했다는 이야기다. 배울 수 없었던 아버지로서는 소중한 추억이지만, 내가 자칫 장단이라도 맞추면 이번에는 나를 향해, 이미 귀에 못이 박힐 정도로 들어온 어설픈 '우주무한론'을 거침없이 설명하기 시작하는 것이 아버지의 일상이었다.

또 하나, 곤드레만드레 취한 아버지가 즐겨 하시던 말씀은, 완만한 산을 누비고 금강이 굽이굽이 흐르는 고향의 아름다움이다. 할아버지 대에 몰락해서 일본에까지 흘러들어 오게 되었지만 수 세대 전의 선조는 원래 금강유역의 물류를 도맡아 하던 호상豪商으로서 융성했었다고 전설이나 신화같이 아버지는 내게 말씀하셨다. 또한 먼 선조는 중국의 명나라에서 조선으로 건너온 고급 관료였다든지, 서재필 박사는 친척이었다든지, 아버지는 내가 도저히 믿을 수 없는 허풍을 떠셨다. 나는 사춘기가 지날 무렵부터 이러한 아버지의 이야기에 상대하는 것이 고통스러워졌지만, 아버지는 아들이 싫어하는 것도 개의치 않고 고장 난 레코드처럼 같은 이야기를 반복하셨다.

아버지에게는 두 남동생과 두 여동생이 있었다. 일본이 미국과의 전쟁에 돌입한 1940년, 아버지는 결혼하고 곧 장남이 태어났다. 패전 수개월 전에는 차남도 태어났다. 할아버지는 당시 40대로, 오늘날의 감각으로 보면 아직 충분히 일할 수 있는 연령이었는데 아버지가 결혼하자 일을 그만두었다. 조선에서는 어른이 된 아들이 부모를 부양하는 것은 당연하다는 게 할아버지의 주장이었다. 아직 젊었던 아버지는 결혼한 지 얼마 안 되는 아내와 갓 태어난 장남 외에, 양친과 어린 네 형제자매를 혼자 힘으로 부양해야 했던 것이다. 어머니 입장에서 보면 결혼하자마자 가난한 대가족의 주부 노릇을 떠맡게 된 것이다.

또 하나, 곤드레만드레 취한 아버지가 즐겨 하시던 말씀은, 완만한 산을 누비고 금강이 굽이굽이 흐르는 고향의 아름다움이다. 할아버지 대에 몰락해서 일본에까지 흘러들어 오게 되었지만 수 세대 전의 선조는 원래 금강 유역의 물류를 도맡아 하던 호상으로서 융성했었다고 전설이나 신화같이 아버지는 내게 말씀하셨다.

나의 어머니는 소학교조차 다니지 못한 채, 여덟 살 무렵부터 아기 보기 등의 노동으로 세월을 보낸 분이다. 교토의 전통산업인 니시진오리(西陣織: 교토의 니시진에서 생산되는 일본의 대표적 고급 직물)는 장시간에 걸쳐 아주 낮은 저임금으로 베를 짜는 작업을 하는, '오리코織り子'라고 불리는 소녀들의 노동에 의해 유지되고 있다. 어머니도 10대 초반부터 비슷한 연령의 일본인 소녀들이 학교에 다니는 것을 부러운 마음으로 바라보면서 오리코로서 일하셨다.

전쟁이 격렬함을 더해 가자, 일가는 교토 시내를 떠나 같은 교토부의 슈잔周山이라는 농촌으로 옮겨 가 일본인 농가의 소작인이 되셨다. 당시, 조선인은 농지의 소유가 불가능했기 때문에 설령 가난하지 않았다고 해도 소작인이 될 수밖에 없었다. 지금도 재일조선인에게 농민이 거의 없는데, 그 이유는 그들이 원래 저임금의 산업 노동자로서 일본에 건너갔다는 역사적 경위도 있지만 일본의 폐쇄적인 농지 제도에도 원인이 있다.

수확의 절반은 사용료로 지주에게 지불하고, 나머지 절반 중에서도 국가가 전시공출戰時供出이라는 명목으로 대부분을 빼앗아갔기 때문에 당시 조선인에게 손에 남는 것은 얼마

되지 않았다. 그래도 부모님이 소작인이 된 이유는, 식량 생산에 종사하면 징용을 유예 받을 수 있다고 들었기 때문이다. 일본은 전쟁의 격화와 함께 조선인의 강제징용도 강화했다. 조선인 중에는 군수공장이나 전지戰地에서의 공사에 동원되어 부상을 당하거나 사망하는 예가 많았고, 사할린, 오키나와, 남양군도 등에 징용당한 채 돌아오지 못한 사람들에 대한 소문이 나돌고 있었다. '징용에 끌려가면 살아서 돌아올 수 없을지 모른다. 우리들은 조선인이다. 일본을 위해 전쟁에서 죽고 싶지 않다. 그렇지 않아도 일가의 대들보인 아버지가 징용당하면 남겨진 대가족은 먹고살 수가 없다. 살아남기 위해서는 어떻게든 아버지의 징용을 피해야만 한다.' 그것이 가족의 일치된 생각이었다.

그러나 처음부터 소작만으로 일가가 먹고살 수는 없었다. 그래서 어머니에게 농사일을 맡기고 아버지는 섬유제품의 중간상인 같은 일로 일본 전국을 돌아다니셨다.

전쟁 중이기 때문에 스파이나 암거래 상인을 단속한다는 목적으로 헌병의 임검이 쉴 새 없이 행해지고 있었지만 아버지는 그 감시망을 빠져나가듯이 일본 전국을 돌아다니며 2, 3개월에 한 번 가족들의 생활비를 전하기 위

해방 후 할머니, 할아버지랑 가족들은 고향인 충청남도로 귀환했지만 아버지는 일본에 남으셨다. 귀환한 가족들의 생활이 불안정했고, 장남인 아버지가 일본에서 돈을 벌어 송금해야 했기 때문이다. 여섯 살 때부터 일본에서 살아온 아버지 입장에서 보면, 조선에는 친구도 없고 지인도 없고, 일이 있을지 없을지도 역시 몰랐다.

해 집에 오셨다.

아버지가 부재중인 동안, 어머니는 농업 경험 등이 전무했음에도 불구하고 혼자서 밭일에 매달려 죽을힘을 다해 농사일을 하셨다. 폐쇄적인 일본 농촌이었던 만큼 주위의 마을 사람들의 차별도 여간이 아니었다. 어머니가 난방을 위해 땔감을 하러 산에 가 마른 가지를 주울라치면 일본인들은 '조센이 산을 황폐하게 한다'며 차가운 시선을 보냈다. 촌락공동체에서 농민의 상조시스템에서도 조선인은 배척된 것이다.

그런 각오를 하면서까지 농촌으로 이주했는데 뒤따라오듯이 아버지에게 징용영장이 나왔다. 그때는 어머니가 어린아이를 등에 업고 경찰서에 가서, 아버지는 어딘가 멀리 간 채 행선지를 알 수 없다고 울면서 거짓말을 하셨다. 그 후도 2, 3번 징용영장이 나왔지만 같은 식으로 넘겼다. 그저 살아남기 위한 거짓말이었지만, 만일 발각된다면 징용기피라는 대죄에 해당되어 아버지와 어머니는 무사하지 못하셨을 것이다.

1945년 8월 15일 일본이 항복하고 조선 민족이 식민지 지배에서 해방되었을 때, 아버지는 슈잔에 계셨다. 논에서 한참 농사일을 하고 있을 때, 미군 비행기가 하늘에서 뿌린 선전지를 보고 해방 소식을 알았던 것이다. 아버지는 그때 논바닥에 무릎을 꿇고 아직 파란 벼 이삭을 양손에 쥐고 기쁨의 눈물을 흘리셨다. 패전의 충격에 휩싸여 있는 주변 일본인들의 입장에서 보면 조선인이 해방의 기쁨을 온몸으로 표현하는 모습은 의외이기도 하고 얄밉기도 했을 것이다. 일본인의 대부분은 조선인도 자신들과 같은 '천황의 적자'이고 일본 신민이라고 배워왔기 때문에, 일본의 패전을 기뻐하는 조선인의 마음을 이해할 수 없었던 것이다. 종전 후 곧 아버지는 일가를 이끌고 슈잔을 떠나 교토 시내로 옮겨 오셨다. 그 이유는 더 이상 징용의 두려움이 없어졌기 때문에 도회로 나가 장사를 시작하기 위함이었지만, 또 하나의 이유는 일본인의 적의를 느끼고 좁은 농촌에 있으면 위험하다고 생각하셨기 때문이다.

해방 후 할머니, 할아버지랑 가족들은 고향인 충청남도로 귀환했지만 아버지는 일본에 남으셨다. 귀환한 가족들의 생활이 불안정했고, 장남인 아버지가 일본에서 돈을 벌어 송금해야 했기 때문이다. 여섯 살 때부터 일본에서 살아온 아버지 입장에서 보면, 조선에는 친구도 없고 지인도 없고, 일이 있을지 없을지도 역시 몰랐다. 1945년 해방 시점에서 약 230만 명의 조선인이 일본 본토에 있었으나 그 대부분은 조선으로 귀환하고, 60만 명 정도가 일본에 남았다. 이것이 오늘날의 재일조선인의 기원인데, 이러한 사람들의 대부분은 나의 아버지와 비슷한 사정으로 일본에 남은 것이다.

일단 귀환은 했으나 도저히 생활을 꾸려 갈 수 없고 게다가 한국전쟁까지 시작되었기 때문에 지인이나 가족이 있는 일본으로 다시 돌아오려고 하는 조선인이 많았다. 일본으로 다시 돌아오려고 하는 조선인은 역사적 경위에서 보면 당연한 권리이고, 더구나 1952년 샌프란시스코조약 발효까지 조선인은 법적으로 일본 국적 보유자였기 때문에, 그 일은 결단코 위법일 수 없었다. 그러나 일본 정부와 점령군 사령부GHQ는 이러한 조선인의 환류還流를 엄격히 단속하고 적발해서 조선인을 강제송환을 시켰다.

작은아버지는 할아버지와 함께 조선으로 귀환했지만 위와 같은 사정 때문에 재차 일본으로 밀항하셨다. 발각되면 강제송환을 당하기 때문에 작은아버지는 우리 집에 숨어 지내셨다. 어렸던 나에게 부모님은 절대로 밖에서 작은아버지의 일을 입 밖에 내서는 안 된다, 경찰이나 수상한 사람을 보거든 곧 알리라고 신신당부하셨다. 작은아버지는 조총련이 운영

하는 조선학교에 다니셨으나 그것은 '밀항자' 는 일반 공립학교에 다닐 수 없었기 때문이었다. 당시 작은아버지 같은 '밀항자' 는 20만 명 정도 있었다고 전해지고 있으나 정확한 숫자는 불분명하다. 그러나 분명한 것은 우리 집과 마찬가지로 자기 집에 '밀항자' 를 숨겨 두고 있던 재일조선인 가정이 적어도 수만 세대는 존재했다는 것이다.

작은아버지는 오랫동안 가짜 일본인 이름을 사용하며 생활하셨다. 나중에 가명인 채로 결혼해 세 아이들이 태어난 뒤 경찰에 자수해 '특별재류' 라는 불안정한 법적 지위를 인정받으셨다. 뒤죽박죽인 인생을 보낸 작은아버지는 60세가 지나서 갑자기 자살하셨다.

해방 후, 아버지는 섬유제품을 취급하는 장사를 시작해 성공했을 때는 작은 방적공장을 경영하기에 이르렀다. 아버지는 상당한 미남이었고 멋쟁이셨다. 행세깨나 하던 때는 보르사리노의 중절모와 인바네스의 외투 차림으로 기념사진을 찍어 한국의 가족이나 친척에게 보내셨다. '조센 부락' 에서 일가를 일으키고 작은 성공을 이뤘다는 달성감과 자부심을 그런 형태로 표현하시려 했던 것이리라. 이것은 아버지 세대의 많은 재일조선인에게 공통

되는 성향이라고 나는 생각한다.

　아버지의 사고방식은 굳이 표현하자면 온건한 민족주의자라고 말할 수 있지만, 오히려 아버지는 장사꾼다운 현실주의자셨다. 공산주의에는 반감을 품고 있었다. 해방 후 한때는 반공적인 민족운동에 관여하신 적도 있는 듯했다. 아버지가 존경했던 사람은 이승만이다. 아버지의 머리에 가장 남아 있는 것은 대통령으로서가 아니고 젊은 날의 민족독립운동가로서의 이승만이었지만.

　그 당시 아버지 친구의 한 사람이었던 가나야마 씨는 1960년대 초에 북조선으로 귀환했다. 북쪽 출신도 아니고, 게다가 친척이나 가족이 있는 것도 아니다. 북의 정치체제나 공산주의사상을 신봉하고 있었던 것도 아니다. 일본은 물론 한국도 재일동포에게 전혀 손을 내밀지 않았던 시대다. 가나야마 씨가 북으로 간 것은 거기에 보람 있는 일, 보람 있는 인생이 기다리고 있다고 생각했기 때문이다. 가나야마 씨에게서 편지가 단 한 차례 왔는데, 신의주의 방적공장에서 책임 있는 직책에 오른 기쁨을 전하는 내용이었다. 그 후는 소식이 없다.

　60년대 말, 나의 두 형이 한국으로 모국유학을 떠났을 때, 그것을 누구보다 기뻐하고 자랑스러워했던 사람은 아버지셨다. 그러나

　아버지는 상당한 미남이었고 멋쟁이셨다. 행세깨나 하던 때는 보르사리노의 중절모와 인바네스의 외투 차림으로 기념사진을 찍어 한국의 가족이나 친척에게 보내셨다. '조센 부락'에서 일가를 일으키고 작은 성공을 이뤘다는 달성감과 자부심을 그런 형태로 표현하시려 했던 것이리라.

그 형들이 1971년 군사정권에 의해 투옥되었다. 70년대 이후, 적어도 백 수십 명의 재일교포 유학생이 북조선이나 조총련과의 접촉을 이유로 투옥되거나 가혹한 조사를 받았는데, 형들이 그 선구적인 케이스였다.

형들의 체포를 전해 들은 아버지는 해방 후 민족운동에서 알게 된 어느 인물에게 도움을 구하셨다. 그 인물은 친한국 정부 측의 민족단체의 최고 간부가 되어 있었다. 그러나 그 인물로부터 돌아온 것은 '당신 아들은 큰 죄를 저질렀다. 사형을 당해도 불만을 말할 수 없다'라는 냉담한 대답이었다.

형들이 재판을 받던 날, 아버지와 어머니는 서울까지 방청하러 가셨다. 거기서 아버지가 본 것은 중화상을 입고 얼굴을 붕대로 칭칭 감은 아들의 모습이었다. 아무 말 없이 교토 집에 돌아온 아버지가 바닥에 주저앉아 다다미를 두드리며 통곡하시던 모습을 나는 아직도 잊을 수 없다.

형들은 1988년과 1990년에 살아서 출옥했지만 부모님은 그날을 보지 못한 채 세상을 떠나셨다. 어머니는 1980년 교토시의 병원에서 돌아가셨다. '부부 중 한쪽이 먼저 죽으면 3년 후에 맞이하러 온다는 말이 있다. 아버지가 장수할 수 있게 이 3년을 무사히 넘기도록 주

의하라'고 친척 할머니가 나에게 말씀하셨는데 마치 그 예언을 그대로 실천하듯이 정확히 3년 후 아버지도 돌아가셨다.

말년의 아버지는, 두 아들은 한국의 옥중에 잡혀 있고, 의지하고 있던 부인도 세상을 먼저 떠나고, 사업마저 실패해 실의에 빠져 지내셨다. 병원에서 죽음의 문턱에 있는 아버지에게 "아버지 건강해지면 어디 가고 싶으세요?"라고 내가 물은 적이 있다. 나는 금강의 아름다움을 꿈꾸듯이 말하곤 하셨던 아버지이기 때문에 조국에 돌아가고 싶다고 말할 거라고 생각했다. 그러나 아버지는 작은 소리로 "어디?"라고 말하실 뿐, 아버지의 멍하니 탁한 시선은 병실의 천장을 향하고 있었다.

그로부터 이십 수년의 시간이 지나, 지금 나는 서울에서 생활하고 있다. 아버지가 살아 계시면 84세. 살아 계셔도 이상할 것 없는 연령이다. 아버지와 어머니는 지금 교토시 교외의 묘지에 잠들어 계신다.

아버지를 인생의 승리자라고 말할 수는 없다. 아버지는 강하지도 않았고 영웅적이지도 않으셨다. 그러나 그 곤란한 인생에는 식민지 지배와 민족 분단의 역사가 새겨져 있다. 아버지는 한 치의 틀림도 없는 재일조선인이었다.

재일조선인의 세대교체는 진행되었다. 그러나 설령 몇 세대가 흐른다 해도 재일조선인이 '나는 누구인가'라는 물음에서 해방되는 일은 없을 것이다. 재인조선인이 나는 누구인가라는, 이 피할 수 없는 물음에 답하려 한다면, 역사를, 그것도 기성 교과서에 쓰인 역사가 아니고 자기들 자신의 역사를 돌이키는 것이 반드시 필요할 것이다. 내가 지금 서울에서 지내면서 마치 숙제를 짊어지고 있는 것 같은 기분이 드는 것도 그 때문이다. 여기에 나 자신의 아버지의 초상을 새긴 것도 바로 그 때문이다. (번역 : 형진의)

서경식

1951년 일본 쿄토에서 재일조선인 2세로 태어나, 와세다대학 프랑스문학과를 졸업했다. 2000년부터 도쿄케이자이대학 현대법학부 교수로 재직중이며, 현재는 성공회대 연구교수로 국내에 머물고 있다.
국내에 번역 출간된 책으로 《나의 서양미술 순례》, 《단절의 세기 증언의 시대: 전쟁의 기억을 둘러싼 대화》(공저), 《청춘의 사신: 20세기의 악몽과 온몸으로 싸운 화가들》, 《소년의 눈물: 서경식의 독서 편력과 영혼의 성장기》, 《디아스포라 기행: 추방당한 자의 시선》, 《난민과 국민 사이: 재일조선인 서경식의 사유와 성찰》, 《시대의 증언자 쁘리모 레비를 찾아서》 등이 있다.

재일한인 100년사 연표

* 이 연표는 재일한인역사자료관에서 만든 〈100年のあかし〉(100년의 증거 또는 증표)의 연표를 그대로 사용했다.

1905년	11월	17일	을사조약
	12월	21일	한국 통감부 설치, 초대 통감에 이토 히로부미
1906년	11월	5일	도쿄조선기독교청년회 결성
1907년	6월	29일	헤이그밀사 사건
	7월	24일	제3차 한일협약
1909년	10월	26일	안중근, 하얼빈역에서 이토 히로부미를 사살
1910년	8월	22일	한일병합, 조선총독부 설치(8월 29일)
	9월	30일	조선토지조사사업 시작(~1918년 12월)
1911년	10월	27일	도쿄조선유학생학우회 결성. 1914년 4월 기관지 〈학지광〉 창간
1913년	10월	28일	일본 내무성, '조선인식별자료에 관한 건'을 각부현에 송부
1914년	7월	28일	제1차 세계대전(~1918년)
1915년	4월	5일	조선여자친육회 결성
1919년	2월	8일	2·8독립선언(재일조선인 유학생이 도쿄 간다에서 독립선언서를 발표)
	3월	1일	3·1독립운동
	4월	15일	총독부, '조선인의 여행 취체에 관한 건'을 통해 조선인의 일본 도항을 제한(1922년 폐지)
1920년			산미증산계획 실시
	11월		조선인고학생동우회 결성(박열 등)
1921년	7월	28일	경찰청 특별고등과에 '내선고등계' 설치 (뒤에 전국에 설치)
	11월	17일	일본 내무성, '조선인의 시찰취체에 관한 건'을 각부현에 송부
	12월	23일	친일단체 상애회 결성(박춘금 등)
1923년	5월	1일	도쿄에서 메이데이, 조선인 검거되다
	9월	1일	간토대진재(관동대지진)
	9월	2일	조선인 폭동을 이유로 계엄령, 조선인 학살을 시작. 박열. 가네코 후미히코 구속(1926년 대역죄로 사형 판결, 뒤에 무기징역으로 감형)
1924년	5월	5일	오사카부 내선 협화회 조직(1925년 효고현, 1926년에 가나가와현에도 조직)
1925년	2월	22일	재일본조선노동자총동맹 결성 (1929년 12월 해산)
	4월	22일	치안유지법 공포
	10월		총독부, 부산에서 일본 도항 제한 조치
1927년	2월		조선공산당 일본부가 조직 (1931년 10월 해체)
	2월	18일	조선인단체협의회 결성. 신간회 도쿄(5월), 교토(6월), 오사카(12월), 나고야(1928년 1월) 지회가 결성
1928년	1월	21일	근우회 결성
	3월	21일	재일조선청년동맹 결성(1929년 해체) 기관지 〈청년조선〉 발간
1929년	8월	3일	'일시귀선증명서' 제도 실시
1930년	4월	21일	동아통선조합 결성, 제주도와 오사카를 연결하는 자주운항 실시(1935년 해산)
1932년	1월	8일	이봉창, 사쿠라다몬에서 일본 천황에게 수류탄 투척(대역죄로 사형 집행)
	2월	20일	박춘금, 일본 중의원 의원 당선
	12월	19일	상해에서 검거된 윤봉길, 일본의 가나자와에서 사형 집행
1934년	10월	30일	일본 정부, '조선인이주대책의 건' 각의 결정.

			일본으로의 도하 억제, 조선 거주 조선인의 '동화' 등 방침 책정
1935년	6월	15일	오사카에서 〈민중시보〉 창간 (1936년 11월 폐간)
1936년			도쿄에서 〈조선신문〉(조선어판) 창간 (1936년 9월 폐간)
	8월	9일	베를린올림픽 마라톤에서 손기정 우승 각부현에 협화회 결성
1937년	7월	7일	중일전쟁 발발
1938년	2월	22일	조선에 육군특별지원병 제도 신설
	4월	1일	국가총동원법 공포
1939년	6월	28일	중앙협화회 설립
	7월	8일	국민징용령 공포
	7월	31일	'조선인노동자내지이주에 관한 건' 전달. '회사모집'을 통해 일본으로 조선인 노동 동원 개시
	9월	3일	제2차 세계대전(~1945년)
1940년	2월	11일	'창씨개명' 실시
1941년	2월	11일	조선장학회 설립
	12월	8일	태평양전쟁 발발
1942년	2월	13일	'조선인노무자활용에 관한 방책' 각의 결정. '관 알선'에 의한 일본으로의 노동동원 개시
	5월	8일	조선인에 대한 징병제 도입을 각의 결정
1943년	6월	25일	학도병제 실시, 조선인 학생에게도 '지원'이라는 명목으로 적용
1944년	9월		'징용'에 의한 일본으로의 노동동원 개시
1945년	6월	23일	의용병역법 공포
	8월	15일	일본 패전. 해방
	8월	24일	조선인 귀국자를 태운 우키시마마루(浮島丸)가 마이즈루항에서 침몰, 조선인 549명 사망
	10월		도쿄 신주쿠에서 '국어강습소'가 만들어지다
	10월	15일	재일본조선인연맹(조련) 결성
	11월	16일	조선건국촉진청년동맹(건청) 결성
	12월	17일	개정중의원의원선거법 부칙을 근거로 재일조

			선인과 타이완인의 참정권 폐지
	12월	29일	미·영·소, 모스크바 3상회의에서 조선의 독립을 보장하는 결정(신탁통치)
1946년	1월	20일	신조선건설동맹(건동) 결성
	10월	3일	재일본조선거류민단(민단) 결성
	12월	15일	일본 정부가 재일조선인의 귀국계획수송 중지를 발표
1947년	5월	2일	외국인등록령 공포, 즉일 실시
1948년	1월	24일	일본 문부성, 각 지사에게 '조선인 설립학교의 취급에 관하여'를 통달
	4월	3일	제주도 4·3사건
	4월	19일	남북정당, 사회단체의 대표자연석회의(~24일)
	4월	24일	한신교육투쟁
	8월	15일	대한민국 수립
	9월	9일	조선민주주의인민공화국 수립
	10월	4일	민단, 재일본대한민국거류민단으로 개칭
1949년	9월	8일	GHQ가 조련 등 4개 단체에 해산 명령
	10월	19일	조선학교폐쇄령 발령
	12월	3일	외국인등록령 개정. 외국인등록증의 상시 휴대 의무, 절차 제도를 도입
1950년	6월	25일	한국전쟁 발발
	6월	28일	조국방위중앙위원회 결성
	8월	8일	재일한교자원군 결성, 한국군에 편입된 641명이 참전
	12월	28일	오무라수용소 개설(나가사키현)
1951년	1월	9일	재일조선통일민주전선(민전) 결성
	10월	4일	출입국관리령(입관령) 및 입구관리청설치령 제정 공포
1952년	4월	28일	샌프란시스코강화조약 발효. 외국인등록법 시행. 재일한국인·조선인, 일본 국적 상실
	5월	1일	제23회 메이데이('피의 메이데이')
1953년	7월	27일	판문점에서 휴전협정 정식 조인
1955년	4월	28일	외국인등록법에 기초해 지문날인제도 실시
	5월	25일	재일본조선인총연합회(조선총련) 결성

1957년	4월	8일	조선민주주의인민공화국이 교육원조비 및 장학금을 지원
1958년	8월	17일	고마츠가와(小松川) 사건(이진우 사건)
	11월	17일	재일본조선인귀국협력회 결성
1959년	2월	2일	민단, '북한송환반대투쟁의원회' 결성
	8월	13일	재일본조선인 귀국을 위한 조일적십자 협정 조인
	12월	14일	청진으로 제1차 귀국선이 니가타항을 출항
1960년	4월	19일	4·19혁명
1965년	6월	22일	한일기본조약 조인
1966년	1월	17일	재일한국인의 협정영주권 수부 시작
	4월	1일	협정영주권 취득자에게 국민건강보험법 적용
1968년	2월	20일	김희로 사건. 재일 차별의 사회문제화
	4월	17일	도쿄도 지사가 조선대학교를 각종 학교로 인가
1970년	12월	8일	박종석, 히다치제작소를 상대로 취직차별소송을 제기
1972년	7월	4일	7·4남북공동성명 발표
	8월	15일	민단과 총련이 각지에서 남북공동성명 지지 대회를 개최
1973년	8월	8일	김대중 납치 사건
1975년	4월	14일	민단 주도로 '모국방문단'을 시작
1977년	3월	22일	일본 최고재판소, 사법시험에 합격한 김경득을 한국적 그대로 사법연수생으로서의 채용을 인정
1979년	8월		총련 주도의 '단기조국방문단' 시작
1980년	9월	10일	한종석, 외국인등록법의 지문날일을 거부
1982년	1월	1일	일본이 비준(1979년 6월 21일)한 난민조약 발효. 국민연금법의 국적 조항 철폐, 특별영주제도 실시
1985년	1월	1일	일본에서 개정 국적법 시행. 부계 혈통주의에서 부모 양계 혈통주의로 변경
1986년	4월	1일	국민건강보건법의 국적 조항 폐지
1988년	9월		서울올림픽 개최
1991년	4월		제41회 세계탁구선수권대회, 지바에서 개최.
			코리아 탁구단일팀을 민단과 총련이 공동으로 환영 응원하는 '공동환송영회' 발족
	9월	18일	대한민국과 조선민주주의인민공화국, UN에 동시 가입
	11월	1일	협정영주, 특별영주를 일체화한 특별영주제도 실시
1993년	1월	8일	개정 외국인등록법 시행. 특별영주자의 지문 날인제도 폐지
1994년	4월	20일	민단이 재일본대한민국민단으로 개칭
1995년	1월	17일	한신아와지(阪神淡路)대진재. 동포 130명 희생
	2월	28일	최고재판소, 재일한국인의 소송 각하. 단, '영주자 등의 지방참정권 부여는 헌법상 금지되고 있지 않다'고 판시
1996년	5월	13일	가와사키시(市)가 도부현, 지방지정도시 가운데 처음으로 직원채용고시의 국적조항 철폐
2000년	6월	15일	남북공동선언 발표
2002년	5월	31일	한일 공동 월드컵 개최
2005년	5월	1일	도쿄도 외국적 직원의 관리직 승진 시험 거부 소송에 대한 최고재판소의 대법정 판결. 원고 정향균 패소

도움 주신 분들

재일한인역사자료관
일제강점하강제동원피해진상규명위원회
중등교육실시60돌 기념 재일동포대축전 실행위원회
백두학원
오사카조선고급학교
재일위안부 재판을 지원하는 모임
이남우(재일 민단 한국사무소)
이문자
김명옥
고인봉
재일사진가 배소
재일사진가 서원수
사진가 안해룡
KIN

재일한인100년의 사진기록

분단의 경계를 허무는 두 자이니치의 망향가

기획 재외동포재단

글 김남일 · 서경식 · 양영희 · 정호승 · 최인석
책임편집 기춘 · 정지영 · 안해룡 · 김수기

펴낸곳 현실문화연구
펴낸이 김수기

편집 좌세훈 · 허경희 · 이시우
디자인 권 경 · 강수돌
마케팅 오주형
제작 이명혜

첫 번째 찍은 날 2007년 2월 28일
등록번호 제22-1533호
등록일자 1999년 4월 23일
주소 서울시 서대문구 충정로 2가 190-11 반석빌딩 4층
전화 02)393-1125
팩스 02)393-1128
전자우편 hyunsilbook@paran.com

값 35,000원
ISBN 978-89-92214-10-0 03900

이 도서의 국립중앙도서관 출판시도서목록(CIP)은 e-CIP 홈페이지
(http://www.nl.go.kr/cip.php)에서 이용하실 수 있습니다. (CIP제어번호:
CIP2007000360)